INTRODUCCIÓN (MUY) CRÍTICA A LOS MASC

CARLOS FIDALGO GALLARDO

INTRODUCCIÓN (MUY) CRÍTICA A LOS MASC

Panorámica teórico-práctica de la LO 1/2025

GRANADA, 2026

Esta obra se ha realizado en el marco del Proyecto
«Red Nacional interuniversitaria para el estudio de los problemas procesales actuales de la Justicia Española»,
del II Plan Propio de Investigación, Transferencia y Divulgación Científica de la Universidad de Málaga
(PPRO-D5-2025-013), siendo la Dra. Jiménez López la investigadora principal.

Esta obra ha contado con el patrocinio de la Universidad del Atlántico Medio.

SUMARIO

ABREVIATURAS

CC   Código Civil.

CE   Constitución Española.

LAJG   Ley 1/1996, de 10 de enero, de Asistencia Jurídica Gratuita.

LCGC   Ley 7/1998, de 13 de abril, de Condiciones Generales de la Contratación.

LEC   Ley 1/2000, de 7 de enero, de Enjuiciamiento Civil.

LECrim Real Decreto de 14 de septiembre de 1882 por el que se aprueba la Ley de Enjuiciamiento Criminal.

LHip   Decreto de 8 de febrero de 1946 por el que se aprueba la nueva redacción oficial de la Ley Hipotecaria.

LJCA   Ley 29/1998, de 13 de julio, reguladora de la Jurisdicción Contencioso-Administrativa.

LJS   Ley 36/2011, de 10 de octubre, reguladora de la Jurisdicción Social.

LJV   Ley 15/2015, de 2 de julio, de la Jurisdicción Voluntaria.

LMed   Ley 5/2012, de 6 de julio, de mediación en asuntos civiles y mercantiles.

LNot   Ley de 28 de mayo de 1862 del Notariado.

LO 1/2025   LO 1/2025, de 2 de enero, de medidas en materia de eficiencia del Servicio Público de Justicia.

LOPJ   Ley Orgánica 6/1985, de 1 de julio, del Poder Judicial.

LPJM   Ley Orgánica 1/1996, de 15 de enero, de Protección Jurídica del Menor, de modificación parcial del Código Civil y de la Ley de Enjuiciamiento Civil.

LRCSCVM   Real Decreto Legislativo 8/2004, de 29 de octubre, por el que se aprueba el Texto Refundido de la Ley de Responsabilidad Civil y Seguro en la Circulación de Vehículos de Motor.

MASC   Medio Adecuado de Solución de Controversias.

TRLGDCU   Real Decreto Legislativo 1/2007, de 16 de noviembre, por el que se aprueba el texto refundido de la Ley General para la Defensa de los Consumidores y Usuarios y otras leyes complementarias.

UN GIRO DE 360 GRADOS
EN EL ENJUICIAMIENTO CIVIL ESPAÑOL

No creo que descubra nada nuevo si digo que el hecho de que los debates públicos estén últimamente desarrollándose en un entorno de redes sociales y comunicaciones instantáneas ha provocado en muchas ocasiones la banalización de los puntos de vista (frecuentemente sustituidos por consignas), la simplificación de los argumentos (por mor de la velocidad vertiginosa con que esos debates suelen producirse), y la consolidación del *zasca* como recurso y arma retórica por excelencia. Hoy en día, nada genera más dopamina (¡y *likes*!) que pillar en falta al adversario ante un auditorio de *hooligans* mediante una frase lapidaria.

El lector de esta obra con toda probabilidad no se encuentra entre los que practican esa forma desvirtuada de dialéctica, porque de ser así posiblemente no seguiría leyendo estas líneas, sino que estaría apresurándose a poner en evidencia a quien esto suscribe en un rotundo *post* explicando de forma condescendiente que los cambios de dirección no son de 360 grados. Que un giro de 360 grados es dar una vuelta completa sobre uno mismo para, tras eso, seguir exactamente en la misma dirección o por el mismo camino que se estaba transitando previamente: *gotcha!*

Y no es eso lo que pretende ser la LO 1/2025[1] cuando, en lo que en esta monografía nos ocupa, ha impuesto como requisito de procedibilidad para el ejercicio de acciones civiles el previo intento por las partes de arreglar extrajudicialmente y de buena fe el conflicto que les enfrenta, a través de algún «Medio Adecuado de Solución de Controversias» (en acrónimo, MASC). Si la LO 1/2025 pretende desde su mismo título ser una ley de «eficiencia» que propicie un enjuiciamiento ágil y fiable de los litigios civiles; si busca avanzar hacia la instauración de una nueva «cultura procesal» mediante la intimación a los obcecados contendientes a pasar por el «templo de la

---

[1] Ley Orgánica 1/2025, 2 de enero, de medidas en materia de eficiencia del Servicio Público de Justicia (en adelante, LO 1/2025).

Concordia» antes de abrirles las puertas del «templo de la Justicia» (son palabras de la Exposición de Motivos de la ley); si aspira con las distintas medidas desgranadas en su articulado a combatir la «cultura litigiosa» consecuencia de la avaricia y la intransigencia de unos y otros en la arriscada defensa de sus derechos e intereses; si es así, en fin, el giro no será de 360 grados sino, yo qué sé, no de 180 grados (porque es imposible erradicar totalmente los conflictos) pero sí de un número tal que efectivamente se consiga atemperar la marea litigiosa que satura a los tribunales, y que permita la gestión ágil y fiable de ese resto de pleitos donde, a pesar de los pesares, no fructifiquen los intentos de negociación previa.

Pero no. Cuando digo que los MASC van a suponer un giro de 360 grados a nuestro enjuiciamiento civil, más allá de un cierto exceso retórico que espero que el lector me perdone, lo que pretendo afirmar es que es eso lo que vaticino que fundamentalmente va a suceder: que la LO 1/2025 y su constelación de mecanismos de negociación hábiles para salvar el requisito de procedibilidad (constelación además que, como nuestro universo, estaría en crecimiento al amparo de la cláusula abierta del art. 2 de la ley), en la inmensa mayoría de los casos acabará poco más en que las partes, sus abogados y sus abogadas y sus asesores y sus asesoras, transitarán por el obligado MASC de la forma que les suponga el mínimo engorro, para después de eso (y habiéndose dejado atrás el menor tiempo y dinero posibles) ya por fin poder ejercitar acciones judiciales ante los Tribunales. Y arrumbados quedarán, en la mayoría de los casos, los terceros a los que la ley quiere involucrar para propiciar en mayor o menor medida el anhelado acuerdo (mediadores, conciliadores, terceros neutrales, expertos de diverso tipo), y la variopinta estructura institucional que cabe esperar que surgirá, o más bien que ya está surgiendo aceleradamente al servicio de todo ello: instituciones públicas y privadas de mediación tanto estatales como autonómicas y quizá también municipales; programas de fomento de los MASC; cursos de formación en MASC y diplomas de habilitación de mediadores y conciliadores; plataformas digitales tanto privadas como públicas para gestionar y dejar constancia fehaciente del curso de las negociaciones…

Porque, en primer lugar, me parece que la autoproclamada ley de «eficiencia procesal» no es ni de *eficiencia* ni *procesal*, como mínimo en lo que hace a sus artículos 2 a 19 que son los que regulan los MASC. No es procesal en la medida en que los MASC son precisamente instrumentos extraprocesales o preprocesales (en lo que hace a la sede en que se desarrollan o el momento en que tienen lugar) y en cuanto que en todos ellos el legislador da a las partes (como no podía ser de otro modo, si se quería ser coherente con la naturaleza privada y por tanto generalmente disponible de los derechos objeto de los conflictos civiles) una amplia libertad para configurar el modo y los pasos a través de los cuales articular la negociación. No es de eficiencia, o si lo es lo sería de forma colateral, pues la buscada eficiencia se conseguiría mediante la erección de barreras de acceso a los Tribunales para así atemperar el flujo de demandas,[2] habiéndose a la vez dejado intacta —e incluso agravada— la creciente burocratización de los procesos civiles que hace que se multipliquen las resoluciones de trámite[3] y que alarga la duración de las distintas instancias hasta extremos kafkianos.[4]

Porque, en segundo lugar, la imposición *velis nolis* del intento de negociación previo a la vía judicial, a través de una relación abierta de mecanismos (los enumerados en la ley y «cualquier tipo de actividad negociadora»), complementados con una complejísima y deshilachada batería de requisitos y plazos (de ahí la sonrojante floración de criterios que están emanando aceleradamente de juntas de Jueces y de LAJ para intentar llenar las innumerables lagunas de la LO 1/2025), y una serie de medidas incentivadoras más que discutibles (la modificación del régimen de la condena y tasación de costas, más la introducción de la ominosa figura de las multas y sanciones por «abuso del servicio público de Justicia»), lo que hacen es proporcionar a la parte renuente a cumplir con sus obligaciones una nueva y amplísima batería de cauces y maneras para entorpecer, primero los esfuerzos de su contraparte para intimarle a que cumpla voluntariamente, y luego la ejecución de la eventual sentencia condenatoria.

---

[2] No ignoramos que el impulso hacia la eficiencia lo quiere dar la LO 1/2025 fundamentalmente mediante la reconfiguración (que en buena parte es simple redenominación) de la estructura de Juzgados y Tribunales. Pero fundamentar adecuadamente mi intuición de que esa reconfiguración es un ejercicio de *gatopardismo* (cambiarlo todo para que nada cambie, como en la clásica novela de Lampedusa) requeriría un análisis en profundidad (no solo del detalle sino también de los objetivos de la reforma) que está más allá del objeto de esta monografía. Pero en cuanto a la erección de barreras de acceso a la Justicia, la LO 1/2025 no es la primera ni posiblemente será la última manifestación de una tendencia cada vez más presente en nuestro sistema de tribunales. Una serie de ejemplos diversos de esa preocupante tendencia se exponen, de forma en absoluto exhaustiva, en Ignacio LÓPEZ CHOCARRO, «De la inadmisión ad limine de determinadas demandas o el peligroso camino hacia la talibanización del derecho procesal», en *Diario La Ley,* n.° 10576, 26.9.2024.

[3] En esto, el ejemplo más claro es la radical reforma que la LO 1/2025 ha operado en el juicio verbal civil, desnaturalizándolo (en la medida en que lo ha convertido en predominantemente escrito) y complicándolo y burocratizándolo hasta extremos kafkianos (con la inserción, entre la fase de alegaciones y la de juicio, de una complejísima fase intermedia cuya tramitación requiere de más de una decena de escritos y proveídos). Esa fase intermedia está regulada en los nuevos apartados 8 a 10 del art. 438 LEC. El juicio (no) verbal resultante de la LO 1/2025 puede ser calificado con diversos epítetos, según cuál sea la perspectiva del comentarista, pero en ningún caso con el de … eficiente. En este punto, la Ley de Eficiencia merecería, simple y llanamente, ser llamada más bien Ley de *Ineficiencia*.

[4] En un juzgado; perdón: tribunal de instancia; perdón: plaza judicial de la sección civil (o civil y de instrucción) de un tribunal de instancia de un pueblo cualquiera de digamos Sevilla o Cádiz (hablo por experiencia directa), no es raro que un declarativo ordinario se prolongue en primer grado de jurisdicción durante tres o cuatro años, que la apelación añada otros dos y eso con suerte, y que la casación (si el recurso se admite) añada otros cinco o seis años. La situación de los vulgarmente llamados «Juzgados de Cláusulas» es aún peor: en Madrid el decreto de admisión a trámite suele dictarse entre cuatro y cinco años después de la interposición de la demanda. Eso, me parece, no va a cambiar simplemente con un cambio de denominación (de Juzgados de Primera Instancia a Tribunales de Instancia). Ojalá me equivoque.

Porque, en tercer y último lugar, aunque la LO 1/2025 proclama muy sonoramente la autonomía de la voluntad de las partes para la autocomposición de sus cuitas de Derecho Privado (art. 4 LO 1/2025), se trata de una autonomía estabulada, asfixiada en un maremágnum de requisitos cuya contravención puede tener consecuencias gravísimas, y cuyo ejercicio ahora siempre tiene un coste añadido, tanto de tiempo como de dinero: el de la intervención de los mediadores, conciliadores, facilitadores y expertos de diverso tipo, notarios y registradores… aparte por supuesto de los abogados (y abogadas) de las partes enfrentadas. Pues aunque el asesoramiento de estos últimos en la negociación se establezca como obligatorio solo en supuestos concretos, la complejidad que puede tener el conflicto en cuestión sumada a la que añade la LO 1/2025 convierte en una imprudencia no contar con acompañamiento experto para introducirse en cualquier MASC. Profesionales estos y aquéllos a los que hay que retribuir, pero cuyos honorarios y gastos (salvo supuestos puntuales y además menores) no se incluyen entre los conceptos susceptibles de reintegro a través de la tasación de costas del ulterior proceso judicial si el intento de negociación fracasa. De ahí que, por ejemplo, aunque la LO 1/2025 haya extendido la obligación de intento de MASC para los procesos monitorios independientemente de su cuantía, quepa prever que el trámite ordinariamente se cumplirá mediante la remisión de una oferta vinculante confidencial que no incluya atemperación alguna de las pretensiones de cobro y que manifieste genéricamente una disposición a negociar. Esto es: poco más que el clásico burofax con acuse de recibo y certificación de contenido anunciando el ejercicio de acciones judiciales en caso de que el requerido no se avenga a lo que se le reclama. Tratándose de un conjunto de procedimientos que suponen entre el 30 y el 35% de la entrada anual de asuntos en los órganos judiciales civiles españoles de primera instancia,[5] parece que no es tan exagerada la afirmación de que el giro que van a imprimir los MASC a nuestro enjuiciamiento civil será de… 360 grados.

Pero no son solo cuestiones prácticas o procedimentales. Desde el punto de vista de las exigencias de principios e instituciones supuestamente capitales en nuestro sistema de enjuiciamiento civil, la imposición inescapable del intento de negociación extrajudicial como requisito para el ulterior ejercicio de acciones civiles plantea interrogantes de calado. Los MASC obligatorios suponen una clara afección del derecho

---

[5] Datos extraídos del informe del Consejo General del Poder Judicial, *La Justicia dato a dato año 2024. Estadística Judicial* (disponible en línea en www.poderjudicial.es) (visitado el 12.11.2025). El mismo Consejo General del Poder Judicial ya advirtió de esta posibilidad en su «Informe al Anteproyecto de Ley de Medidas de Eficiencia Procesal» (disponible en línea en https://www.poderjudicial.es/cgpj/es/Poder-Judicial/ Consejo-General-del-Poder-Judicial/Actividad-del-CGPJ/Informes/Informe-al-Anteproyecto-de-Ley-de-medidas-de-eficiencia-procesal-del-Servicio-Publico-de-Justicia) (visitado el 20.11.2025): «El riesgo, con todo, es que la regulación ofrezca resultados poco satisfactorios, como en su día tuvo la conciliación previa prevista en la LEC de 1881, y que el intento de MASC se convierta en un mero trámite burocrático o un formulismo que se absuelve con el único fin de dejar expedito el acceso a la jurisdicción» (n. 35).

fundamental de acceso a la Justicia.[6] Constituyen un paso más en la tendencia hacia la desjudicialización (más bien privatización) de los mecanismos de gestión de conflictos jurídicos. Encarecen esa gestión y por tanto afectan a la efectividad de la tutela judicial impetrada en el pleito subsiguiente a un MASC frustrado (porque el litigante vencedor nunca conseguirá la total indemnidad del derecho reivindicado en la medida en que como mínimo habrá tenido que dejar atrás los costes de esa negociación previa). Contribuyen a una dispersión normativa e institucional difícilmente compatible con la igualdad de todos los ciudadanos ante la ley (entre otras cosas, la LO 1/2025 abre la puerta si es que no propicia la proliferación de MASC autonómicos). Y qué decir de la defectuosísima técnica legislativa que lastra un texto lleno de imprecisiones, repeticiones, lagunas y dificultades de encaje, tantas que no sería excesivo renombrar la pomposamente auto-denominada ley de eficiencia procesal, y pasar a llamarla ley de *deficiencia* procesal. Causa vergüenza ajena contemplar la frenética proliferación de acuerdos de Juntas de Jueces y LAJ de diverso ámbito territorial y objetivo,[7] intentando unificar pautas de interpretación de la ley para evitar una cascada de admisiones e inadmisiones (y recursos) con base en criterios distintos cuando no opuestos sobre cuándo puede entenderse cumplido el requisito de procedibilidad. Tan es así, que no solo ya se ha anunciado por la Asociación Profesional de Letrados de la Administración de Justicia la puesta en marcha del inevitable «Observatorio MASC», sino que el Congreso de los Diputados aprobó el 13 de noviembre pasado (apenas transcurrido medio año desde la entrada en vigor del requisito de procedibilidad, y habiéndose ya acumulado cientos de resoluciones contradictorias de admisión o inadmisión de demandas) una Proposición no de Ley para la modificación urgente de la regulación de los MASC y para el establecimiento de criterios unificados a nivel nacional.

---

[6] Y así, no se ha hecho esperar la elevación de una cuestión de inconstitucionalidad por auto de 14 de abril de 2025 del Juez del Tribunal de Instancia de Valencia de Alcántara, circunscrita eso sí a los asuntos de familia con menores, que el propio juez ha explicado y defendido en Juan GONZÁLEZ DÍAZ y Adrián GÓMEZ LINACERO, «A propósito de la cuestión de inconstitucionalidad elevada por el Tribunal de Instancia de Valencia de Alcántara sobre los MASC en asuntos de familia con menores», en *Diario La Ley*, n.º 10847, 15.12.2025.

[7] El Consejo General del Poder Judicial se ha apresurado a abrir una sección en su página web dedicada a recopilar, más que a sistematizar, esos diversos acuerdos, titulada *Unificación de criterios. Interpretación y aplicación LO 1/2025* y ubicada en https://www.poderjudicial.es/cgpj/es/Servicios/Ley-Organica-1-2025/Unificacion-de-criterios--Interpretacion-y-aplicacion-LO-1-2025/ (visitada el 16.1.2026), con un vistoso (¿o más bien ominoso?) mapa interactivo por provincias. El Consejo General de la Abogacía ha hecho lo propio en https://www.abogacia.es/conocenos/consejo-general/normativa-profesional/acuerdos-y-sentencias-judiciales-lo-1-2025/ (visitada el 16.1.2026), aunque esta página parece estar desactualizada y falta de mantenimiento. Nos permitimos dudar muy seriamente de que esta dispersión de criterios en algo tan relevante como los criterios de admisibilidad de demandas civiles sea conducente a la tutela efectiva de los derechos de las personas, a la seguridad jurídica, y a la igualdad de todos ante la ley.

En cualquier caso, la reforma es la que es, y sin perjuicio de que yo abogo decididamente por revertirla, esta monografía pretende analizarla y exponerla desde una perspectiva que busca aunar tanto el rigor teórico como el detalle práctico. En lo que hace a lo primero, se ha puesto especial atención en distribuir adecuadamente los contenidos, intentando ubicar dogmática y sistemáticamente los MASC en el ordenamiento procesal civil español, cuyos principios y normas fundamentales en parte se han visto alterados pero en parte siguen vigentes. En lo que hace a lo segundo, no solo se explica lo que la LO 1/2025 dispone (tanto en su articulado como en las normas que ha modificado directa o indirectamente), sino también, muy especialmente, se subrayan las cuestiones que deja abiertas la ley y se proponen interpretaciones sistemáticas —y con frecuencia correctoras— para llenar las abundantes lagunas de una norma técnicamente muy deficiente.

CAPÍTULO 1

LA LO 1/2025 DE EFICIENCIA PROCESAL Y LOS MASC, O LA AUTOPROCLAMADA REVOLUCIÓN QUE NO LO ES TANTO

1. EL TRAJE NUEVO... DE LA TRANSACCIÓN

La vigente Constitución (art. 117.3 CE) y la Ley Orgánica del Poder Judicial[1] (arts. 1 y sobre todo 2 LOPJ) proclaman muy rotundamente el principio de exclusividad jurisdiccional en la función de adjudicación de controversias jurídicas. Sin embargo, el elevado coste de tiempo y recursos que conlleva la tramitación de los procesos judiciales, por un lado, y la creciente saturación de la estructura de Tribunales, por otro, ha dado lugar a que a lo largo del tiempo se hayan propuesto y establecido, con mayor o menor alcance y éxito, variados mecanismos de composición de controversias jurídicas alternativos y complementarios a la vía judicial. Son los llamados Medios Alternativos de Solución de Controversias, rebautizados por la LO 1/2025 en «Adecuados» (en lo que es un simple voluntarismo semántico) y últimamente designados por su acrónimo MASC.[2]

En realidad, por mucho que se insista por el legislador en que estamos en los albores de una revolución y de un nuevo modelo de enjuiciamiento civil, esos mecanismos son tan antiguos como el Derecho mismo. En efecto, la elevación a estado judicial de una controversia jurídica es conceptualmente y en la práctica el último recurso al que se acogen ordinariamente las partes enfrentadas para solventar sus discrepancias, pues es generalmente asumido que es preferible un arreglo rápido y cierto, aunque para conse-

---

[1] Ley Orgánica 6/1985, de 1 de julio, del Poder Judicial (en adelante, «LOPJ»).

[2] El voluntarismo semántico está en la ilusoria pretensión de que por el simple hecho de rebautizar estos mecanismos —de «alternativos» a «adecuados»— pasarán mágicamente a tener una eficacia reforzada. Pero es cierto que en esa idea de fondo, y en el diseño general de la LO 1/2025, se desliza la insólita idea de que acudir a los tribunales a pedir una tutela es una solución a priori «inadecuada» que hay que plantearse con cautela, porque puede terminar convirtiéndose en un sancionable «abuso del servicio público de justicia». Julio BANACLOCHE PALAO, *Eficacia procesal y recursos extraordinarios en el proceso civil*, Madrid, La Ley 2025, pág. 16.

guir cerrarlo haya que realizar cesiones, que un pleito largo, costoso e incierto. Esto es lo que la sabiduría popular expresa con el dicho de que *más vale un mal arreglo que un buen pleito* (o su versión más tremebunda: *pleitos tengas y los ganes*).

Porque, puestos a negociar para evitar ir a tribunales, todos esos mecanismos son variantes de la *transacción* (a la que se refiere el art. 1.809 CC); todos presuponen y requieren el carácter *disponible* de los derechos y acciones de las partes en el conflicto (y por supuesto, la capacidad de disponer de ellos); y todos son expresiones de la *autonomía de la voluntad* de las partes enfrentadas. Esos tres elementos ya se daban y eran posibles en nuestro ordenamiento, que expresamente los contemplaba y regulaba, sin necesidad de que la LO 1/2025 los reiterase.[3]

En este ámbito, la cuestión relevante no es la *posibilidad* de que las partes dispongan negociadamente de sus derechos e intereses privados a través de la transacción en cualquiera de sus variantes (insistimos en que esa posibilidad es inherente a la titularidad de derechos o intereses de naturaleza privada), sino la decisión de política legislativa de *imponer* el intento de arreglo negociado y extrajudicial como requisito para poder acudir a los Tribunales de Justicia.[4] Que es, precisamente, lo que ha hecho la LO 1/2025, al establecer con carácter general la obligatoriedad de intentar un arreglo negociado de los conflictos jurídicos a través de algún MASC legalmente reconocido (art. 2 y concordantes LO 1/2025), como requisito de procedibilidad para poder ejercitar acciones judiciales civiles (art. 5 LO 1/2025).

---

[3] Sobre el principio de autonomía de la voluntad, proclamado pero en buena parte negado o como mínimo cercenado en la LO 1/2025 y en el desarrollo de los MASC, véase Carlos FIDALGO GALLARDO, «El principio de autonomía de la voluntad en su desarrollo (art. 4 LO 1/2025)», en Sonia CALAZA LÓPEZ e Ixusko ORDEÑANA GEZURAGA (coords.), *Guía práctica de los MASC*, Aranzadi 2025, págs. 117 a 139 y especialmente págs. 119 y 120.

[4] Obligatoriedad que iría frontalmente en contra de la voluntariedad del recurso a la negociación extrajudicial, que la doctrina había venido considerando de manera casi unánime hasta hace nada como «fundamental y básica». Por todos, véase Eva SANJURJO RÍOS, «Nuevos tiempos para la justicia civil: de la imposición de los MASC a la marginalidad de la jurisdicción», en *Justicia*, 2025-1, pág. 351, y también, citada por esta, Raquel CASTILLEJO MANZANARES, *Del poder de disposición de las partes sobre el proceso civil y sobre sus pretensiones*, La Ley, Madrid 2014, pág. 68. No solo la doctrina, sino también la legislación: el art. 1 de la LMed (en su redacción anterior a la LO 1/2025) hacía hincapié precisamente en esta condición y la erigía en uno de sus «principios rectores». Incluso autoras como Sonia CALAZA y Silvia BARONA, que han promovido —antes— y acogido con alborozo —después— los MASC de la LO 1/2025, manifiestan sus dudas respecto a si ha sido acertado imponer la obligatoriedad de acudir a unos medios que constitutivamente presuponen la voluntariedad. Para CALAZA, «la imposición —¡por la fuerza!— de la cultura de la Paz no parece un acierto» (Sonia CALAZA LÓPEZ, «La sombra de la Justicia es alargada: la mística de los MASC», en *La Ley Mediación y Arbitraje*, n.º 22 (enero 2025), pág. 7). Para BARONA, «[c]reo sinceramente que todo el trabajo que durante décadas se vino haciendo desde la mediación y la aplicación real del principio de voluntariedad queda en papel mojado porque la manera de entender el trabajo dialógico es bien diverso en esta LO 1/2025» (Silvia BARONA VILAR, «MASC, tutela efectiva y vulnerabilidad, tres conceptos en busca de Justicia integral. ¡Por fin! (reflexiones con Michael Ende y su 'Historia Interminable')», en Sonia CALAZA LÓPEZ e Ixusko ORDEÑANA GEZURAGA (coords.), *Guía práctica de los MASC*, Aranzadi 2025, pág. 49 más las reflexiones de la autora en las páginas siguientes).

Esta imposición se justifica políticamente sobre la base de diversos argumentos: desde los sociológicos, que afirman que un sistema de negociación previa contribuye a propiciar la gestión pacífica de los conflictos y extender una «cultura del acuerdo» por contraposición a una «cultura litigiosa»; hasta los económicos, según los cuales de ese modo se contribuye a reducir la saturación de los órganos judiciales y por tanto se avanza hacia una mayor eficiencia de la Administración de Justicia.

Estos argumentos son particularmente falaces, en nuestra opinión. Si la eficiencia y el ahorro se consiguen a fuerza de dificultar el acceso a los tribunales de quienes entienden que sus legítimos derechos e intereses están siendo vulnerados, en realidad lo que se está haciendo es desplazar los costes de la gestión de los conflictos a las partes (y posiblemente aumentarlos, porque si el intento de arreglo fracasa, se habrán empleado dinero y tiempo que se sumarán luego a los de la tramitación del ulterior pleito) y erigir barreras de acceso de los ciudadanos a la Justicia. Con el nuevo modelo se estaría persiguiendo y cifrando la eficiencia no en la más ágil gestión de los procesos judiciales sino en la forzada reducción del número de los mismos. En palabras de Jesús María González García, por mucho que la LO 1/2025 afirme desde su título ser de «eficiencia» de la Justicia, las medidas que contiene

> … están orientadas no a conseguir una justicia más eficiente, sino a reducir el papel de la Justicia en la tutela de los derechos. Es decir, realmente se pretende conseguir la eficiencia de la Justicia desde la invitación a los ciudadanos a que eviten la administración de Justicia.[5]

Y es que, aun a riesgo de repetirnos, la constante histórica —derivada del mero sentido común— es que ha sido siempre lo habitual que las partes enfrentadas en conflictos jurídicos civiles intenten solventar sus discrepancias negociadamente antes de acudir a los tribunales. El legislador de la LO 1/2025 no termina de reconciliarse con ese punto de partida evidente y se empeña, no solo en imponer el intento de acuerdo, sino en reglamentarlo y someterlo a un tráfago de requisitos que corren el riesgo de proporcionar vías de escape adicionales a quien busca zafarse de sus obligaciones. En palabras de Rivas Velasco,

> … en los conflictos privados, ¿no es cierto que antes de judicializar el conflicto en la generalidad de los casos, se ha procurado previamente alcanzar algún tipo de acuerdo? No puede solventarse el colapso del sistema forzando a quien se ve abocado a acudir a la tutela judicial porque su derecho se ha visto cercenado a acreditar que procuró evitarlo. ¿No se favorece con ello a quien nunca ha estado dispuesto a convenirse alargando el trámite?[6]

---

[5] Jesús María González García, «A propósito de la nueva regulación de los 'medios adecuados para la solución de conflictos' (MASC) en la Ley Orgánica 1/2025», en *Diario La Ley*, n.º 10.701 (9.4.2025).

[6] María José Rivas Velasco, «¿Son los MASC simplemente otro escalón para entrar en el templo del art. 24 CE?», en *Diario La Ley*, n.º 10827 de 13.11.2025.

2. PRECEDENTES DE LOS MASC

Los MASC en sus manifestaciones o desarrollos actuales reciben impulso especialmente a partir de los años 50 del siglo XX en EE.UU. (dónde si no) y desde allí son importados e incorporados a los ordenamientos de diversos países (cómo no).[7] Pero no solo la negociación extrajudicial de los conflictos civiles siempre ha existido, sino que la imposición a las partes en discordia de la obligatoriedad de intentar un arreglo extrajudicial de la controversia jurídica antes de poder elevar la cuestión a estado judicial ni siquiera es una novedad en España.

Bajo la LEC de 1881 ya rigió un sistema de intento previo de conciliación obligatoria a la demanda desde 1885 hasta 1984, fecha en que la ley 34/1984 de reforma urgente de la LEC[8] volvió a configurar el intento de conciliación como facultativo a la vista de que «como demuestra la experiencia, ha dado resultados poco satisfactorios» (son palabras de la Exposición de Motivos de la indicada ley). Tras eso quedó como obligatoria únicamente la mediación laboral ante el desaparecido Instituto de Mediación, Arbitraje y Conciliación que se había introducido en 1980 (art. 50 del derogado Texto Refundido de la Ley de Procedimiento Laboral), que se ha mantenido sin cambios sustanciales a pesar de las muchas reformas que ha tenido la legislación procesal del orden social desde entonces hasta hoy (está regulada actualmente en los arts. 63 a 68 de la Ley de la Jurisdicción Social).[9]

En otros órdenes jurisdiccionales, y muy llamativamente en el orden penal (a pesar de estar el enjuiciamiento criminal teóricamente regido por el principio de legalidad estricta en lo sustantivo, y por el principio de oficialidad en lo procesal) también se han introducido instituciones como la conformidad (trasunto patrio de la *plea bargaining*, de nuevo importada de los Estados Unidos)[10] o la impropiamente

---

[7] Hablo aquí de los antecedentes próximos de la concepción moderna de los MASC (o ADR por su acrónimo en inglés: «Alternative Dispute Resolution»), sin querer entrar en sus antecedentes remotos, o mejor, en las manifestaciones concretas a lo largo de la Historia de la institucionalización de los mecanismos extrajudiciales a través de los cuales se ha puesto de manifiesto la posibilidad —que, insisto, es consustancial a la naturaleza disponible de los derechos privados— de que las partes inmersas en un litigio lo resuelvan de forma negociada. Una panorámica histórica de esas manifestaciones puede encontrarse en María Petronela POPIUC, *Los medios adecuados de solución de controversias en el ámbito civil y mercantil. Especial referencia a la nueva regulación española de los MASC*, Aranzadi, Las Rozas 2025, págs. 22 a 37 y bibliografía allí citada; en Margarita SIMARRO PEDREIRA, «Del ring al diálogo: Cómo los MASC y el proceso colaborativo están cambiando el juego jurídico», en *Revista General de Derecho Procesal*, n.º 67 (2025), especialmente págs. 4 a 11; y en Ixusko ORDEÑANA GEZURAGA, «Concepto y caracterización de los medios adecuados de solución de conflictos», en Sonia CALAZA LÓPEZ e Ixusko ORDEÑANA GEZURAGA (coords.), *Guía práctica de los MASC*, Aranzadi 2025, págs. 71-73.

[8] Ley 34/1984 de 6 de agosto de reforma urgente de la Ley de Enjuiciamiento Civil.

[9] Ley 36/2011, de 10 de octubre, reguladora de la Jurisdicción Social (en adelante, «LJS»).

[10] Respecto a la conformidad, regulada en los arts. 787 en relación con los arts. 688 a 700 LECrim, la STS (Sala 2.ª) de 17 de junio de 1991 dice que «la conformidad es una institución que pone fin al proceso

llamada «mediación penal» del art. 15 de la Ley 4/2015 del Estatuto de la Víctima del Delito.[11] En el ámbito contencioso-administrativo, en la línea marcada por el Consejo de Europa,[12] se han realizado tímidos intentos de incorporar la transacción y la mediación a los litigios entre la Administración y los administrados (entre otros lo previsto en el art. 77 de la Ley de la Jurisdicción Contencioso-Administrativa,[13] en vía contenciosa, o antes, los arts. 77, 86, 112.2 y 114.d de la Ley del Procedimiento Administrativo Común de las Administraciones Públicas,[14] en vía administrativa).

---

basándose en razones utilitarias o de economía procesal evitando la realización del acto del juicio oral y por consiguiente la práctica de las pruebas encaminadas a demostrar la realización del hecho imputado. Si, como dice la Exposición de Motivos de la Ley de Enjuiciamiento Criminal, los escritos de conclusiones equivalen a la demanda y la contestación, la conformidad significaría un allanamiento a las pretensiones de la acusación pero sin llegar a sus estrictas consecuencias». Esa conceptualización de la conformidad pasa de puntillas por la radical contradicción que la misma supone respecto del principio de legalidad penal y el recorte tan drástico que constituye al supuesto interés público en la persecución de los delitos. En la conformidad, efectivamente, se ignoran ese principio y ese interés en aras de «razones utilitarias o de economía procesal» (debería leerse, más bien, «del reconocimiento del fracaso del sistema penal»); y se da cabida, de forma más o menos vergonzante, por un lado a un impostado allanamiento parcial del investigado o acusado (que acepta ser acusado de un delito menor que quizá entiende que no cometió, para no asumir el riesgo de ser condenado por un delito que está penado más gravemente), y por otro lado a una renuncia del Estado a su teórica misión de perseguir y castigar las conductas más gravemente atentatorias de la paz social (pues la Fiscalía promueve y el Juez convalida una acusación que no refleja lo que resulta de las diligencias policiales o de instrucción).

Estos argumentos no son escrúpulos meramente teóricos: la cuestión es aún más grave (y más reveladora de las disfunciones que aquejan a un área tan sensible del ejercicio del poder público como es el enjuiciamiento criminal) si se considera que no es infrecuente que personas que se consideran llanamente inocentes de los delitos que se les imputan acepten una condena de conformidad por un delito menor (que no cometieron) simplemente para no arriesgarse a ser condenados por un delito penado más gravemente (que también entienden que no cometieron). Sobre eso es imprescindible el trabajo de Juan Antonio LASCURÁIN SÁNCHEZ y Fernando GASCÓN INCHAUSTI, «¿Por qué se conforman los inocentes?», en *InDret*, 3/2018.

[11] Las tímidas cuñas sobre mediación y similares que se han ido introduciendo en la legislación penal tanto sustantiva como procesal chocan una y otra vez con la naturaleza del Derecho Penal, derecho público e indisponible por excelencia, y con la conceptualización del delito no tanto como agresión antijurídica a una víctima concreta sino antes como ataque a los fundamentos de la paz social que exigen la intervención del Estado. Por eso, todo lo más en lo penal se contempla la reparación del daño previa a la vista como circunstancia atenuante (arts. 21 y 66 del Código Penal), combinada en su caso con el recurso a los llamados servicios de Justicia Restaurativa (arts. 5.1, 15 y 29 de la Ley 4/2015 del Estatuto de la Víctima del Delito y Disposición Adicional 9.ª de la LECrim añadida por la LO 1/2025) y, por supuesto, con el régimen ya mencionado de la conformidad. Sobre esto véase, por todos, Silvia BARONA VILAR, *Solución extrajurisdiccional de conflictos. MASC y Arbitraje*, Tirant lo Blanch, Valencia 2025, especialmente págs. 149 a 179.

[12] En la Recomendación Rec. (2001) del Comité de Ministros sobre los modos alternativos de solucionar los litigios entre las autoridades administrativas y las personas privadas.

[13] Ley 29/1998, de 13 de julio, reguladora de la Jurisdicción Contencioso-Administrativa (en adelante, «LJCA»).

[14] Ley 39/2015, de 1 de octubre, del Procedimiento Administrativo Común de las Administraciones Públicas (en adelante, «LPACAP»).

Pero han tenido escasísimo éxito en la medida en que generalmente se han estrellado contra un Leviatán administrativo apegado a sus exorbitantes privilegios y lastrado por sus inercias burocráticas.[15]

No mencionamos en este elenco histórico el arbitraje (y la Ley 60/2003 que lo regula) porque el arbitraje, aun siendo generalmente considerado un ADR, lo es en cuanto que es *extrajudicial*, pero se distingue de los MASC en que supone verdadero y propio ejercicio de *jurisdicción* y por tanto no es un mecanismo autocompositivo sino heterocompositivo. Los laudos arbitrales, en efecto, son vinculantes para las partes (y además directamente ejecutivos, art. 517.2.2.º LEC), *para las que la posibilidad de autocomposición del litigio decae en el momento en que se someten al tribunal arbitral.*

Centrándonos en el ámbito civil, que es el que aquí nos ocupa, con posterioridad a la eliminación de la conciliación previa en 1984 el Real Decreto 231/2008 introdujo el arbitraje de consumo y en su seno la posibilidad de mediación.[16] Pocos años después quiso impulsar a nivel nacional la resolución extrajudicial de todo tipo de conflictos de Derecho Privado la Ley 5/2012 de Mediación,[17] y en 2015 se estableció la ejecutividad de los acuerdos alcanzados en una conciliación notarial (art. 83 LNot añadido por la

---

[15]   El art. 77 LJCA establece que el juez «podrá someter a la consideración de las partes el reconocimiento de hechos o documentos, así como la posibilidad de alcanzar un acuerdo que ponga fin a la controversia, cuando el juicio se promueva sobre materias susceptibles de transacción y, en particular, cuando verse sobre estimación de cantidad». Esta posibilidad sin embargo no me consta que se aplique prácticamente nunca (las inercias del Leviatán, sus privilegios y su escasa capacidad de reacción hacen que una negociación administrativa sea en la práctica casi imposible). No ha faltado quien ha criticado a la LO 1/2025 por no haber dado un paso adelante en ese punto. Así, véase https://confilegal.com/20250320-la-exclusion-de-la-conciliacion-administrativa-en-la-ley-1-2025-una-oportunidad-perdida/ (visitado 20.3.2025). Un análisis amplio de esta cuestión se contiene en Beatriz BELANDO GARÍN, «MASC en el ámbito administrativo», en Sonia CALAZA LÓPEZ, e Ixusko ORDEÑANA GEZURAGA (coords.), *Guía práctica de los MASC*, Aranzadi 2025, págs. 759 a 783.

[16]   Real Decreto 231/2008, de 15 de febrero, por el que se regula el Sistema Arbitral de Consumo, actualmente derogada y sustituida por los arts. 57 y 58 del Real Decreto Legislativo 1/2007 de 16 de noviembre por el que se aprueba el texto refundido de la Ley General para la Defensa de los Consumidores y Usuarios, complementado por el Real Decreto 713/2024 de 23 de julio por el que se regula el Sistema Arbitral de Consumo.

[17]   Ley 5/2012, de 6 de julio, de mediación en asuntos civiles y mercantiles (en adelante, «LMed»). La LMed quiso impulsar la mediación a nivel *nacional* y en el ámbito de todo el Derecho Privado, porque ya desde años antes diversas Comunidades Autónomas habían promulgado sus propias leyes de mediación en el ámbito familiar, y las habían acompañado de su correspondiente acompañamiento de organismos autonómicos de mediación o de promoción de la mediación. Entre esas leyes autonómicas de mediación anteriores a la Ley 5/2012 podemos citar la Ley catalana 1/2001, la Ley valenciana 7/2001, la Ley madrileña 1/2007 o la Ley andaluza 1/2009, pero una relación completa puede consultarse en la web del CGPJ, que tiene una sección dedicada a ello: https://www.poderjudicial.es/cgpj/es/Temas/Mediacion/Normativa-y-jurisprudencia/Leyes-Autonomicas/ (visitada el 14.10.2025).

Ley de Jurisdicción Voluntaria).[18] No creo que sea exagerado decir, sin embargo, que la LMed y la conciliación notarial languidecieron en los repertorios durante algo más de una década, mayormente inaplicados.[19]

Llegados a 2025, la voluntad política de impulsar los mecanismos extrajudiciales de solución de controversias ha dejado de expresarse a través de la habilitación y promoción de canales de autocomposición, para concretarse en la imposición obligatoria del previo intento de arreglo extrajudicial de las controversias jurídicas civiles como paso previo e ineludible para poder ejercitar acciones ante los tribunales de justicia. Es lo que ha hecho la LO 1/2025 que, como antes dijimos, desde el 3 de abril de 2025 ha erigido con carácter general en requisito de procedibilidad para el ejercicio de acciones civiles el previo intento de composición extrajudicial del litigio (art. 5.1 LO 1/2025 y sus correlativos en la LEC, especialmente art. 403.2 y 399.4). A través de esa y otras medidas complementarias, señaladamente en materia de costas procesales, la LO 1/2025 pretende dar un decisivo impulso a los MASC y, con eso, llevar a cabo una reforma en profundidad, más que del proceso civil, de la cultura procesal española. En palabras grandilocuentes y un punto risibles, el apartado IV de su Exposición de Motivos afirma que con el impulso de los MASC se quiere hacer efectiva la aspiración de la Ilustración y del proceso codificador del siglo XIX de que «antes de entrar en el templo de la Justicia, se ha de pasar por el templo de la Concordia».

Puestos a buscar inspiración en cuanto a formas de hacer prevalecer la concordia en las relaciones sociales, es discutible que la referencia ideal sea un movimiento que en lo político se impuso a sangre y fuego (y guillotina) sobre los disidentes, y que en lo procesal estableció tribunales populares para controlar a jueces *díscolos* y someterlos al Ejecutivo (no otra cosa era en origen el recurso de *cassation*). Sea como sea, el cambio de modelo es el que es, y por lo tanto es necesario estudiar con detalle, por un lado, la ubicación dogmática y sistemática de los MASC en nuestro sistema procesal; y, por otro, la regulación positiva introducida por la LO 1/2025 y las demás normas que la misma modifica o a las que se remite.

Lo primero lo haremos a continuación; de lo segundo nos ocuparemos en los capítulos posteriores.

---

[18]   Ley 15/2015, de 2 de julio, de la Jurisdicción Voluntaria (en adelante, «LJV»).

[19]   Así lo relata y justifica el apartado IV de la Exposición de Motivos de la propia LO 1/2025, que pudorosamente afirma que «no se ha conseguido desarrollar la potencialidad augurada desde su gestación. En este sentido son de destacar las apreciaciones del Informe de 26 de agosto de 2016 de la Comisión al Parlamento Europeo, al Consejo y al Comité Económico y Social Europeo sobre la aplicación de la Directiva 2008/52/CE del Parlamento Europeo y del Consejo, de 21 de mayo de 2008, pues constituye un documento de indudable valor por sistematizar el estudio de los cuestionarios emitidos por operadores jurídicos de todos los Estados miembros y que viene en términos generales a evidenciar determinadas dificultades en relación con el funcionamiento de los sistemas nacionales de mediación en la práctica, particularmente relacionadas con la falta de una "cultura" de la mediación en los Estados miembros».

3. **UBICACIÓN DOGMÁTICA Y SISTEMÁTICA DE LOS MASC DE LA LO 1/2025 EN EL SISTEMA PROCESAL CIVIL ESPAÑOL**

Ciñéndonos aquí al ámbito puramente civil, los MASC son instituciones *análogas* al proceso judicial civil en la medida en que tienen un funcionamiento y sobre todo una finalidad similar (la composición o la adjudicación de conflictos jurídicos, respaldada por el aparato coactivo del Estado); y son *complementarias* en cuanto que buscan descargar a los tribunales del exceso de trabajo, últimamente crónico.

Esas características o funciones no quitan que la promoción de los MASC, independientemente de las finalidades y objetivos que la LO 1/2025 dice perseguir, puede considerarse una huida del proceso judicial motivada por el fracaso de la estructura de tribunales en el desempeño ágil y eficiente de su función constitucional, y por eso una dejación por parte del Estado de sus funciones básicas, que va frontalmente en contra de su papel como garante de la paz social a través de la atribución del monopolio en el uso de la fuerza.[20] Se trataría, por fin, de una manifestación más del proceso de *desjudicialización* de los mecanismos de resolución de controversias, o más bien de una verdadera y propia tendencia a la *privatización* de la gestión de los conflictos jurídicos.

La LO 1/2025, así, ha introducido una cuña en un Poder Judicial significativamente rebautizado, o quizá habría que decir *rebajado* a «Servicio Público de Justicia», estableciendo con carácter general la obligatoriedad de intentar la solución extrajudicial de las controversias jurídicas civiles antes de poder ejercitar acciones judiciales.

Pero el elenco de MASC contemplados por la LO 1/2025, cuyo intento sin éxito permite cumplir con el requisito de procedibilidad a efectos de la admisión de una ulterior demanda civil (o cuyo intento fructífero es directamente ejecutivo si se documenta con arreglo a determinadas formalidades), es abierto, o mejor, está definido de forma brumosa. Pues aparte de los MASC mencionados en la LO 1/2025, según su art. 2 se entiende por MASC «cualquier tipo de actividad negociadora, reconocida en esta u otras leyes, estatales o autonómicas, a la que las partes de un conflicto acuden de buena fe con el objeto de encontrar una solución extrajudicial al mismo, ya sea por sí mismas o con la intervención de una tercera persona neutral».

La bruma y la indefinición se solapan con la consideración como MASC de lo que secularmente han sido los *contactos previos entre abogados*, pues también «se considerará cumplido el requisito [de procedibilidad] cuando la actividad negociadora se desarrolle directamente por las partes, o entre sus abogados o abogadas bajo sus directrices y con su conformidad» (art. 5.1 *in fine* LO 1/2025). La cosa será, simple-

---

[20]   Tiempo ha ya advertía Andrés DE LA OLIVA SANTOS que «[c]uando la comunidad social organizada prohíbe la llamada justicia privada o acción directa, es de necesidad que, mediante normas jurídicas, conceda a todos sus miembros, a todos los ciudadanos, derecho a acudir al proceso o derecho a acudir a los tribunales». En *Sobre el derecho a la tutela jurisdiccional. La persona ante la Administración de Justicia: derechos básicos*, Bosch, Barcelona 1980, pág. 22.

mente, que esa actividad deberá documentarse de forma suficiente para acreditar ante el juez del posterior pleito que se intentó la solución extrajudicial (o para que el acuerdo adquiera fuerza ejecutiva).

Todo esto no quita que la LO 1/2025 también pretende impulsar la derivación a MASC de conflictos ya elevados a estado judicial. Esa intención se concreta en la adición en diversos lugares de la regulación de los procesos declarativos de momentos en los que el tribunal puede o debe informar a las partes de la posibilidad de solicitar la suspensión de las actuaciones para intentar transar extrajudicialmente el litigio. De nuevo, nada que no existiese antes de la LO 1/2025 (tanto en sede general, art. 19 LEC, como en otros lugares, por ejemplo el art. 415 LEC en sede de audiencia previa).

La LO 1/2025 pretende ser punta de lanza y vector de cambio de la cultura procesal española. La cuestión es que, puestos a innovar, no podemos sino insistir en que los MASC no son más que la nomenclatura que modernamente adoptan las variantes de la multisecular figura de la transacción entre partes de sus derechos y acciones disponibles. Eso sí, ahora erigidos en requisito de procedibilidad (y ejecutivos en caso de acuerdo elevado a escritura pública).[21]

4. Los MASC, variantes de la transacción

La LO 1/2025 contiene un dizque elenco de MASC (en su art. 5.1.II). Luego regula varios de ellos más alguno que no está en esa lista (en los arts. 14 a 19), y además se remite a las leyes e incluso reglamentos que disciplinan determinados MASC (algunos ya existentes, otros por inventar). Finalmente, el art. 2 LO 1/2025 incorpora una cláusula de cierre (más bien, de *no cierre*) al establecer que también será admisible como MASC «cualquier tipo de actividad negociadora, reconocida en esta u otras leyes, estatales o autonómicas, a las que las partes en un conflicto acuden de buena fe con el objeto de encontrar una solución al mismo, ya sea por sí mismas o con la intervención de una tercera persona neutral».[22]

---

[21] No puede dejar de señalarse que un paso más allá de los MASC se sitúan los sistemas de ODR (*online dispute resolution*), y todavía más allá los sistemas de ADM (*algorithmic decision making*). En estos casos, lo relevante no es tanto la huida del ámbito judicial (que también), sino la resolución del conflicto jurídico a través de sistemas digitales, sin intervención o con una intervención solo tangencial u ocasional de jueces humanos. En esto es muy relevante el Reglamento (UE) 524/2013 sobre resolución de litigios en línea en materia de consumo, y la puesta en marcha en 2016 de la correspondiente plataforma para resolución *online* de conflictos entre consumidores y comerciantes, c el Reglamento (UE) 2024/1689 del Parlamento Europeo y del Consejo, de 13 de junio de 2024, por el que se establecen normas armonizadas en materia de inteligencia artificial y por el que se modifican los Reglamentos (CE) n.º 300/2008, (UE) n.º 167/2013, (UE) n.º 168/2013, (UE) 2018/858, (UE) 2018/1139 y (UE) 2019/2144 y las Directivas 2014/90/UE, (UE) 2016/797 y (UE) 2020/1828 (Reglamento de Inteligencia Artificial).

[22] Otras referencias abiertas también se contienen, de nuevo redundantemente, en los arts. 5.1.2 y 14 de la LO 1/2025.

Esta cláusula pone de manifiesto que, en cuanto al elenco de MASC, la LO 1/2025 hace un hercúleo esfuerzo por poner puertas al campo… pero finalmente las deja abiertas de par en par. Y lo hace porque, al final, el legislador no puede conceptualmente salir del marco que resulta de la naturaleza disponible de los derechos privados (y de las acciones que en defensa de los mismos asisten a sus titulares) y de la secular vigencia de la institución de la transacción (de la cual los distintos MASC no son en última instancia sino variantes).

Dicho de forma sucinta y aun a riesgo de repetirnos: *todos los MASC son variantes de la transacción o se resuelven en una transacción.* Y por eso, como dijimos antes, la erección de los MASC en requisito de procedibilidad y la posibilidad de que el acuerdo extrajudicial pueda tener fuerza ejecutiva si se documenta con determinadas formalidades son las únicas dos verdaderas novedades sustanciales de la LO 1/2025. Todo lo demás es un ejercicio febril de procedimentalismo estabulador de la autonomía de los particulares, que contradice la proclamación de dicha autonomía en el art. 4 LO 1/2025.[23]

Más allá de eso, en lugar de eficiencia procesal, la LO 1/2025 es más bien una ley de *redundancia* procesal. En ella es redundante la referencia a la «autonomía privada» (art. 4 LO 1/2025), *rectius*, al carácter disponible de los derechos y acciones basados en Derecho Privado, que la reforma se limita a reiterar; es redundante el catálogo, que más que abierto es vaporoso, de MASC válidos para cumplir el requisito de procedibilidad, pues todos ellos podían ya cobijarse antes y siguen pudiendo cobijarse ahora bajo el paraguas de la transacción de los arts. 19 LEC y 1809 CC; es redundante la exigencia de «buena fe» porque ya está en el inevitable art. 6 CC además de en los arts. 247.1 LEC y 11.1 LOPJ; es redundante la exigencia de identidad de objeto que debe existir entre el MASC y el posterior pleito, el posterior pleito, aparte de que esa cuestión está mal resuelta porque el contenido de la actividad negociadora (que es por su propia naturaleza difuso) no es en rigor lo mismo que el objeto del proceso subsiguiente (que es un concepto técnico-procesal muy definido); es redundante que se haga referencia a la posibilidad de contar con asistencia letrada en el proceso negociador previo pues esa posibilidad ya existía con arreglo a las normas generales por no decir con arreglo al sentido común; son redundantes las menciones a la posibilidad de tramitación telemática de los MASC, no solo porque su generalización en el mundo profesional es algo asentado sin necesidad de que lo diga la ley, sino porque al final es cuestión de acreditación y

---

[23] En realidad, ni siquiera es del todo novedosa la ejecutividad de los acuerdos de MASC, pues ya la Ley 5/2012 de mediación estableció la ejecutividad de los acuerdos de mediación elevados a escritura pública (arts. 25 y 26) y los acuerdos alcanzados en una conciliación notarial ya eran ejecutivos desde 2015 (art. 83 LNot añadido por la LJV). La novedad es haber extendido la posibilidad de ejecutividad a *todos* los MASC, eso sí, si se elevan a escritura pública (arts. 12 y 13 LO 1/2025).

documentación del mecanismo negociador elegido; es redundante la exigencia de confidencialidad, que ya estaba en el Código Deontológico de la Abogacía y en la normativa de Protección de Datos (fundamentalmente el RGPD); es redundante la exigencia de documentación del acuerdo (o de su falta), porque todo acuerdo para poder desplegar sus efectos debe ser convenientemente documentado, tanto más si se pretende que adquiera fuerza ejecutiva.

Si los MASC son en esencia distintas formas de materializarse la transacción, es necesario exponer las líneas maestras que definen y por las que opera esta institución, para así sentar las bases conceptuales que permitirán aprehender la mayor o menor singularidad de uno u otro MASC.

La transacción tiene una naturaleza mixta, entre lo sustantivo y lo procesal, en la medida en que es el acuerdo en virtud del cual las partes enfrentadas «evitan la provocación de un pleito o ponen término al que había comenzado» (art. 1809 del Código Civil).

La posibilidad de transigir nace y se apoya en el poder de disposición por las personas de sus derechos privados (aspecto sustantivo), y en su paralelo poder de disposición de las acciones y posiciones procesales que de esos derechos derivan (aspecto procesal).

Desde el punto de vista sustantivo y en cuanto acuerdo, la transacción debe ajustarse a las reglas generales de los contratos (con lo que será nula la transacción en que intervenga error, dolo o falsedad de documentos, arts. 1817 y 1265 CC), no podrá referirse a determinadas materias (por ejemplo, se podrá transigir sobre la acción civil derivada del delito pero no sobre la acción pública, art. 1813 CC; no se podrá transigir sobre cuestiones relativas al estado civil o cuestiones matrimoniales, art. 1814 CC) y requiere plenitud de capacidad o, de no tenerse, complemento de la misma o autorización judicial (por ejemplo, para poder válidamente los padres o tutores transigir sobre bienes o derechos de menores a su cargo tendrán que tener autorización judicial, arts. 1810 y 1811 CC).

Desde el punto de vista procesal, la transacción puede ser un *acuerdo previo al proceso*, en el que las partes componen sus diferencias y evitan tener que impetrar la tutela judicial; o un *modo anormal de terminación del proceso*, si es que este ya ha sido entablado pero en su transcurso las partes consiguen llegar a un acuerdo que hace innecesaria —más bien, que impide— la adjudicación por el Juez. Y así,

a) La *transacción previa al proceso o preprocesal* es un acuerdo de naturaleza contractual entre las partes de un conflicto jurídico, por el que las mismas evitan elevar a estado judicial sus discrepancias.

Conforme al régimen tradicional ese acuerdo, en la medida en que es un convenio privado, no da acceso a la parte cumplidora del mismo a ningún cauce procesal privilegiado: es un contrato, y como tal, en caso de incumplimiento, la parte cumplidora debe ejercitar contra la contraparte incumplidora la correspondiente acción declarativa del art. 1124 CC.

La radical novedad en este punto de la LO 1/2025 es que el acuerdo alcanzado en una transacción preprocesal o MASC, si se documenta con arreglo a determinadas formalidades (arts. 12 y 13 LO 1/2025), adquiere carácter ejecutivo (art. 517.2.2.º LEC).[24]

b) La *transacción procesal* (es decir, la suscrita *lite pendente*), puede ser homologada o no homologada, a elección de las partes.

Pendiente el proceso y por supuesto en los casos en que sean disponibles los derechos e intereses en litigio (y las acciones en defensa de los mismos), las partes conservan la facultad de transar sus diferencias. Esta posibilidad de transacción podrá intentarse habiendo solicitado la suspensión del proceso (conforme al art. 19 LEC) o con el proceso en marcha (esto es, con los señalamientos o plazos corriendo para ambas partes); y podrá negociarse en sala (el supuesto por antonomasia sería el previsto en sede de audiencia previa de juicio ordinario en el art. 415 LEC) o fuera de la sede judicial (que es lo más frecuente).

Alcanzado un acuerdo en cualquiera de las indicadas variantes, las partes podrán solicitar al juez del pleito su *homologación*; esto es, el dictado de un auto en el que el tribunal, examinada la legalidad de lo acordado (art. 19.1 LEC) y la capacidad jurídica y poder de disposición de las partes o sus representantes (art. 415.1.IV LEC), validará y dará fuerza ejecutiva a las prestaciones convenidas (art. 415.2 LEC). En este caso, la ejecutividad del acuerdo no deriva tanto de haberse alcanzado en el seno de un MASC, como de haberse incorporado a un auto judicial, que es en propiedad lo que se ejecutará posteriormente si las partes no cumplen lo acordado (y por tanto la ejecución, de ser necesaria, se instará con base no en el apartado 2.º sino en el apartado 3.º del art. 517.2 LEC).

Las partes, no obstante, aun alcanzando un acuerdo podrán no solicitar del juez la homologación de lo acordado (sino simplemente solicitar de común acuerdo el archivo de las actuaciones, art. 22.1 LEC), caso en el que el acuerdo, igual que en la transacción preprocesal, sería un simple contrato que de por sí no daría acceso a la parte cumplidora a ningún cauce privilegiado para la ejecución de lo convenido en caso de incumplimiento.

Aquí la LO 1/2025 ha incorporado un cambio radical, pues esa transacción (hoy denominada MASC) podría ser documentada y elevada a público (arts. 12 y 13 LO 1/2025) y así adquirir fuerza ejecutiva (art. 517.2.2.º LEC).[25]

La LO 1/2025 no solo erige los MASC en requisito de procedibilidad previo al proceso, sino que insiste una y otra vez en la posibilidad de suspender el proceso en curso y deriva la cuestión litigiosa a un MASC que, conforme a lo anterior, de acabar

---

[24] Sobre esto, véase el capítulo 7 de esta obra.
[25] Sobre esto véase el capítulo 7 de esta obra.

en acuerdo podrá ser homologado o elevado a público (supuestos en los que tendrá fuerza ejecutiva por el cauce del apartado 3.º o del apartado 2.º del art. 517.2 LEC respectivamente), y que en caso de descarrilar simplemente resultará en la reanudación del proceso.

No ha llegado sin embargo el legislador de la LO 1/2025 a establecer supuestos de derivación judicial obligatoria de pleitos en marcha a MASC, pues lo que se han incorporado son referencias aquí y allá a la posibilidad de que el juez, en diversos momentos de la tramitación, *informe* a las partes de la posibilidad de transar el pleito (¿es que no lo sabían ya, al menos en la inmensa mayoría de procesos en los que se litiga con abogado y procurador?). Pero en todos los casos, la suspensión y derivación a MASC *lite pendente* requiere de la aquiescencia de ambas partes.[26]

La transacción y por tanto los MASC son así un instituto entre lo extraprocesal y lo procesal. No es solo, como dijimos antes, que la LO 1/2025 deja abierta la puerta (¡no podía cerrarla!) a «cualquier otro tipo de actividad negociadora» (art. 2 LO pero también art. 5.1.II LO 1/2025), sino que incluso cuando intenta regular determinados MASC (en su articulado o por remisión a leyes especiales) no puede más que establecer un marco general y unos requisitos formalistas por cuyas rendijas siempre tiende a escaparse la realidad, tozudamente irreductible a sistema, de que las personas con plena capacidad jurídica pueden razonablemente negociar y disponer de sus derechos y pretensiones.

5.　EL ELENCO (PERO NO) DE MASC DE LA LO 1/2025

Si se exige a las partes intentar la composición extrajudicial de la controversia a través de un MASC antes de elevar la cuestión a estado judicial, resulta fundamental precisar qué son y sobre todo *cuáles* son los MASC que permiten cumplir con el requisito de procedibilidad del art. 5 LO 1/2025.

La cuestión es que, en este punto capital, la LO 1/2025 es singularmente defectuosa.

La LO 1/2025 empieza definiendo los MASC de un modo que hace imposible cualquier elenco cerrado, pues entiende por tal «*cualquier tipo de actividad negociadora*, reconocida en esta u otras leyes, estatales o autonómicas, a la que las partes de un conflicto acuden de buena fe con el objeto de encontrar una solución

---

[26]　Ya antes de la LO 1/2025, la LEC buscaba propiciar la composición por las partes de sus controversias abriendo distintos espacios para la misma. Así, en sede de juicio ordinario se establecía y se establece que el juez informará a las partes de la posibilidad de intentar un acuerdo o transacción al inicio de la audiencia previa (arts. 414.1.II y 415 LEC) y tras la fijación de hechos controvertidos (art. 428.2 LEC); en sede de juicio verbal también se explicitaba y se sigue explicitando la posibilidad de acuerdo en el art. 443.1.II LEC. Y más allá de esas menciones, el art. 19.3 LEC establecía y establece con carácter general que las partes podrán transigir «en cualquier momento de la primera instancia o de los recursos o de la ejecución de sentencia». De nuevo, es una posibilidad que cabe sobre la base del carácter generalmente disponible de los derechos en conflicto, y del carácter igualmente disponible de las acciones que de los mismos dimanan.

extrajudicial al mismo, ya sea por sí mismas o con la intervención de una tercera persona neutral» (art. 2 LO 1/2025), y «singularmente» considera «cumplido el requisito *cuando la actividad negociadora se desarrolle directamente por las partes*» (art. 5.1.II LO 1/2025).

Aun así la LO 1/2025, por un lado, incluye en varios de sus artículos una suerte de listado de MASC (señaladamente los arts. 5.1.II y 14.1 LO 1/2025); y por otro dedica sus arts. 14 a 19 a dibujar las bases y principios fundamentales de esos MASC.

Así, el art. 5.1.II LO 1/2025 enumera expresamente como MASC,

a) La *mediación*, regulada por la antes mencionada Ley 5/2012 de Mediación;
b) La *conciliación* en sus diversas variantes, enumeradas en el art. 14 LO 1/2025 y luego reguladas en diversos textos legales;
c) La solicitud de *opinión neutral de una persona experta independiente*, luego regulada en el art. 18 LO 1/2025;
d) La *oferta vinculante confidencial* del art. 17 LO 1/2025.

El art. 14.1 LO 1/2025 complementa el elenco del art. 5.1.II LO 1/2025 haciendo referencia también a

e) La *negociación directa* entre las partes, con o sin asistencia de abogados, y
f) Los procesos de *Derecho colaborativo*, cuyas bases y principios se regulan en el artículo 19.

Pero, además, en las disposiciones adicionales de la LO 1/2025 y en leyes especiales se regulan otros mecanismos de composición negociada para determinados tipos de conflictos, que en algún caso son incluso excluyentes de cualquier otro MASC, a saber:

g) El *requerimiento previo de devolución de cantidades indebidamente abonadas en operaciones de préstamo suscritos por consumidores* de los arts. 439.5 y 439 bis LEC según la redacción dada por la LO 1/2025;
h) Las *reclamaciones previas en materia de consumo* de la Disposición Adicional 7.ª de la LO 1/2025;
i) El *dictamen de conciliación* (que más que conciliación es una variante de la opinión de tercero neutral) del art. 13 de la Ley de Condiciones Generales de la Contratación;
j) La *reclamación previa a aseguradoras en materia de responsabilidad civil por daños derivados de la conducción de vehículos de motor* de los arts. 7 y 14 de la LRCSCVM;[27] o

---

[27] RDL 8/2004 por el que se aprueba el Texto Refundido de la Ley de Responsabilidad Civil y Seguro en la Circulación de Vehículos de Motor.

k) El *procedimiento de resolución alternativa de litigios de usuarios de transporte aéreo* regulado por la Orden TMA/201/2022. [28]

Y ¿qué nos deparará el futuro? Recordemos que la cláusula de cierre del art. 2 LO 1/2025 se refiere y da la consideración de MASC a «cualquier tipo de actividad negociadora, reconocida en esta u otras leyes, *estatales o autonómicas*». Que la LO 1/2025 abra la puerta a la regulación de MASC autonómicos es una consecuencia de no considerar la negociación extrajudicial una actividad jurisdiccional, lo cual es lógico pues en ella no hay adjudicación por tribunal (aunque luego sí se otorgue fuerza ejecutiva directa a los acuerdos elevados a escritura pública). [29] Pero ¿tiene sentido abrir la puerta a la posibilidad de la dispersión autonómica de los MASC, a que vayan surgiendo mecanismos catalanes, extremeños y murcianos, todos quizá similares pero a la vez todos distintos en esto o en aquello? Difícilmente esto casa con el principio constitucional general de la igualdad de todos los españoles ante la Ley, ni con su concreción judicial en el principio de unidad jurisdiccional… ni con una verdadera *eficiencia* en la gestión de los conflictos.

---

[28] Orden TMA/201/2022 de 14 de marzo para derechos reconocidos en el ámbito de la UE en materia de compensación y asistencia en caso de denegación de embarque, cancelación o gran retraso conforme al Reglamento CE 261/2004 del Parlamento Europeo y del Consejo de 11.2.2004

[29] Si fuera jurisdiccional entraría en juego la reserva de ley estatal del art. 149.1.6.º CE.

Capítulo 2

LOS MASC COMO REQUISITO DE PROCEDIBILIDAD PARA EL EJERCICIO DE ACCIONES CIVILES. ÁMBITO DE APLICACIÓN Y DISPOSICIONES GENERALES

La LO 1/2025 ha operado en el ordenamiento procesal civil español un cambio fundamental, consistente en erigir con carácter general el intento previo de arreglo extrajudicial de la controversia en *requisito de procedibilidad* para —en caso de fracaso del indicado intento— poder posteriormente ejercitar acciones judiciales ante los Tribunales de Justicia.

Así resulta del art. 5.1 LO 1/2025, según el cual

> … [e]n el orden jurisdiccional civil, con carácter general, para que sea admisible la demanda se considerará requisito de procedibilidad acudir previamente a algún medio adecuado de resolución de controversias de los previstos en el artículo 2.

De este modo, desde abril de 2025 —fecha de entrada en vigor de los preceptos de la indicada ley relevantes a los efectos que ahora nos ocupan— las demandas que no vengan precedidas de un tal intento realizado de buena fe a través de alguno de los MASC admitidos por la ley (art. 2 y concordantes de la LO 1/2025) o que no lo documenten (art. 264.I.4.º LEC) y expongan (art. 399.3.II LEC), serán inadmitidas (art. 403.2 LEC en sede de juicio ordinario, y art. 438.1 LEC en sede de juicio verbal por remisión al art. 404.2.2 LEC y este al mismo art. 403.2 LEC);[1] o, de admitirse, cabría que la parte demandada recurriese en reposición el decreto de admisión propugnando el archivo de las actuaciones.

La LO 1/2025 no está concebida como un simple retoque procedimental, sino que pretende llevar a cabo una reforma en profundidad, más que del proceso civil, de la cultura litigiosa española. Eso hace que sea preciso acercarse, a esta Ley en general y a los MASC en particular, enmarcando aquella y estos adecuadamente, tanto en lo dogmático como en lo sistemático, dentro de nuestro sistema procesal.

---

[1] Sobre esto véase el capítulo 6 de esta obra, especialmente sus apartados d y e.

Sobre las cuestiones dogmáticas y sobre el encaje de los MASC en el enjuiciamiento civil español nos hemos extendido en el capítulo anterior. Ahora procedemos al análisis detallado de la naturaleza y funcionamiento de los MASC tal y como los regula la normativa vigente, esto es, fundamentalmente la referida LO 1/2025.

1. ÁMBITO DE APLICACIÓN DEL REQUISITO DE PROCEDIBILIDAD (ARTS. 3, 4, 5 Y CONCORDANTES LO 1/2025)

Delimitado en las páginas anteriores (en la medida de lo posible) el concepto y elenco de los MASC, el art. 4 y justo antes el art. 3 de la LO 1/2025 regulan el ámbito de aplicación de estos mecanismos. O mejor, delimitan el ámbito donde su aplicación es obligatoria so pena de inadmisión (art. 5.1 LO 1/2025).

Citamos primero el art. 4 LO 1/2025 porque expresa lo obvio o como mínimo lo ya sabido. Según el art. 4.1 LO 1/2025,

> … [l]as partes son libres para convenir o transigir, a través de estos medios, sobre sus derechos e intereses, siempre que lo acordado no sea contrario a la ley, a la buena fe ni al orden público.

Y según el art. 4.1.II LO 1/2025

> … no podrán ser sometidos a medios adecuados de solución de controversias… los conflictos que versen sobre materias que no estén a disposición de las partes.[2]

El resto de la LO 1/2025 es un desarrollo (insisto, en buena parte superfluo cuando no redundante) de este marco.

Pues bien, de ese «principio de autonomía privada» que está en la rúbrica del art. 4 LO 1/2025 resulta el ámbito de aplicabilidad de los MASC, que se delimita en el artículo anterior.

Efectivamente, según el art. 3.1 LO 1/2025 será necesario intentar un MASC (*rectius*: se exigirá el intento de MASC como requisito de procedibilidad para poder ejercitar acciones judiciales) en cualesquiera «asuntos civiles y mercantiles, incluidos los conflictos transfronterizos».

La amplitud de esta norma es seguidamente negada por las numerosas y sustanciales excepciones que se contienen en los siguientes apartados y artículos.

Un primer grupo de excepciones se contienen en el art. 3 LO 1/2025. Y así,

a) El art. 3.2 LO 1/2025 excluye de MASC la *materia concursal* (que es un área, no precisamente menor, de la materia mercantil).

Tiene sentido esta exclusión, tanto en la medida en que previamente a solicitar ser declarado en concurso el deudor puede (y a determinados efectos *debe*) dirigir a sus acreedores una comunicación de inicio de negociaciones (que

---

[2] Sobre esto véase Carlos FIDALGO GALLARDO, «El principio de autonomía de la voluntad…», *op. cit.*

abre un proceso que bien puede considerarse de intento de arreglo extrajudicial de la situación de insolvencia), como en cuanto que, declarado el concurso, buena parte del proceso concursal es en sí una compleja actividad negociadora, supervisada por el Administrador Concursal y por encima de él por el juez.[3-4]

b) Según el art. 3.2 LO 1/2025 también se excluyen de MASC «las *materias laboral [y] penal*».

La referencia al orden laboral puede entenderse superflua en la medida en que el orden laboral no es *civil* y por tanto ya del art. 3.1 se deriva necesariamente su exclusión.[5] Además, en el orden laboral existe, como ya hemos dicho, un sistema independiente de conciliación previa. La referencia al orden penal es también superflua, pero por partida doble, porque no es solo que el orden penal no sea civil, sino que el Derecho Penal es el derecho indisponible por antonomasia y por tanto se aplica la exclusión del art. 4.1.II LO 1/2025 según el cual «no podrán ser sometidos a MASC, ni aun por derivación judicial, los conflictos que versen sobre materias que no estén a disposición de las partes en virtud de la legislación aplicable».

c) También excluye de MASC el art. 3.2 LO 1/2025 los asuntos «de cualquier naturaleza, con independencia del orden jurisdiccional ante el que deban ventilarse, en los que *una de las partes sea una entidad perteneciente al sector público*».

A diferencia de todos los supuestos anteriores donde la exclusión de MASC es por razones objetivas, esto es, por la naturaleza de la controversia o de los derechos en litigio, en este caso la exclusión de MASC es de carácter *subjetivo*. La expresión «entidad perteneciente al sector público» es llamativamente más amplia que la de «Administración Pública», y abarca un número radicalmente mayor de potenciales litigantes a los que no se somete a la obligación de intentar (o ser requeridos) de previo MASC. Julio Sigüenza López ha ensayado una clasificación de entidades a estos efectos, entre las que se incluirían empresas públicas (como Correos o Renfe), empresas mixtas (sociedades mer-

---

[3] No es necesario MASC antes de solicitar la declaración de concurso, pero ¿lo es antes de ejercer acciones incidentales o acumuladas en su seno? La LO 1/2025 no lo aclara, pero la lógica parece indicar que no. Es el criterio, por ejemplo, que han adoptado los Jueces de lo Mercantil de Andalucía en acuerdo al efecto de junio de 2025: no solo el concurso está excluido de MASC sino también «[t]odas sus piezas, los procesos que se han acumulado al mismo y todos sus incidentes».

[4] También debe tenerse en cuenta que la Ley 14/2013 de apoyo a los emprendedores y a su internacionalización ya incluye la *mediación concursal* como procedimiento alternativo al concurso para pequeños empresarios personas físicas o jurídicas.

[5] Se plantearían si acaso dudas en los asuntos laborales de que conociese el juez del concurso (asuntos que, aun siendo de materia laboral, son conocidos por un órgano judicial civil), pero en esto véase lo dicho más arriba sobre MASC, concurso de acreedores, e incidencias en su seno.

cantiles con participación pública), y por supuesto la propia administración en sus distintos niveles y en su inabarcable variedad de organismos y entes, que no raramente actúan en el tráfico mercantil sin ejercitar sus potestades públicas y por tanto con arreglo a Derecho Privado.[6] Con respecto a todos estos no sería preceptivo el intento previo de arreglo extrajudicial antes de demandar ante la jurisdicción civil.[7]

Además de esto, y como veremos más adelante, puede entenderse que esta norma excluye de MASC una gran cantidad de procesos especiales del Libro IV de la LEC en los que una entidad pública es parte procesal. Cierto es, no obstante, que en estos casos la razón primordial de la exclusión de MASC no es tanto la intervención de una entidad pública (el Ministerio Fiscal, la autoridad de protección de menores…) como el carácter indisponible de los derechos en litigio.

En segundo lugar, el art. 4.2 LO 1/2025 por remisión al art. 89 LOPJ excluye de MASC los conflictos de carácter civil de que conozcan las Secciones de Violencia contra la Mujer de los Tribunales de Instancia.

En este caso el legislador entiende que, aunque puedan ser disponibles los derechos privados en conflicto, el hecho de que el conflicto civil se enmarque en un contexto penal tan sensible hace conveniente, tanto la exclusión de MASC, como una tutela pública reforzada (entre otros, con la intervención preceptiva del Ministerio Fiscal).

Pero, en tercer lugar, incluso después de haber excluido de MASC todos los supuestos recién referidos que se contienen en los arts. 3 y 4 LO 1/2025, el art. 5.2 de la misma ley en buena parte desmiente la teórica aplicabilidad general a los procesos civiles de la exigencia de negociación previa.

Empezamos por transcribir el indicado art. 5.2 LO 1/2025, que dice así:

> Se exigirá actividad negociadora previa a la vía jurisdiccional como requisito de procedibilidad *en todos los procesos declarativos del libro II y en los procesos especiales del libro IV* de la Ley 1/2000, de 7 de enero, de Enjuiciamiento Civil, con excepción de los que tengan por objeto las siguientes materias:
>
> a)   la tutela judicial civil de derechos fundamentales;
> b)   la adopción de las medidas previstas en el artículo 158 del Código Civil;
> c)   la adopción de medidas judiciales de apoyo a las personas con discapacidad;
> d)   la filiación, paternidad y maternidad;

---

[6]   Julio SIGÜENZA LÓPEZ, «El ámbito de aplicación de los Medios Adecuados de Solución de Controversias en vía no jurisdiccional», en Sonia CALAZA LÓPEZ, e Ixusko ORDEÑANA GEZURAGA (coords.), *Guía práctica de los MASC*, Aranzadi 2025, págs. 97 a 99.
[7]   Sobre los intentos de introducir la transacción en el ámbito administrativo y contencioso-administrativo, véase lo dicho en el apartado 2 del capítulo 1 de esta obra.

e) la tutela sumaria de la tenencia o de la posesión de una cosa o derecho por quien haya sido despojado de ellas o perturbado en su disfrute;

f) la pretensión de que el tribunal resuelva, con carácter sumario, la demolición o derribo de obra, edificio, árbol, columna o cualquier otro objeto análogo en estado de ruina y que amenace causar daños a quien demande;

g) el ingreso de menores con problemas de conducta en centros de protección específicos, la entrada en domicilios y restantes lugares para la ejecución forzosa de medidas de protección de menores o la restitución o retorno de menores en los supuestos de sustracción internacional;

h) el juicio cambiario.

Conforme al primer párrafo de ese artículo, la regla general es, supuestamente, la exigencia de MASC previo a todo proceso declarativo ordinario y verbal (los «procesos declarativos del libro II» de la LEC) y a todo proceso especial (del libro IV).

Pues bien, respecto a lo primero hay excepciones, y respecto a lo segundo las excepciones son tantas que desmienten la regla general.

Así, será preciso intento de arreglo extrajudicial previo, *con carácter general*, en todos los asuntos que se tramiten por los cauces del *juicio ordinario* (regulado en el título II del indicado Libro II) y del *juicio verbal* (en el título III). Esto es, a los procesos listados en los arts. 249 y 250 LEC respectivamente.

Sin embargo, se excepcionan,

a) Como ya se dijo antes, los asuntos civiles competencia de las Secciones de Violencia contra la Mujer de los Tribunales de Instancia (ex art. 4.2 LO 1/2025);

b) Los procesos de tutela sumaria de la posesión y los de tutela sumaria para demolición o derribo (arts. 250.1.4.º y 6.º en relación con el art. 447.2 LEC), por expresa exclusión del art. 5.2 ordinales e y f LO 1/2025.

Que se excluyan estos concretos interdictos implica *sensu contrario* que la exigencia de MASC previo sí es aplicable en todos los demás procesos sumarios, lo cual no parece especialmente lógico.[8]

c) Y los procesos de tutela judicial civil de derechos fundamentales (que se establece en el ordinal a del recién transcrito art. 5.2 LO 1/2025).

La cuestión es que esos procesos no existen como tales sino como especialidades del juicio ordinario. Por lo tanto, lo excluido en propiedad de MASC son los procesos declarativos civiles (ordinarios, ex art. 249.1.2.º LEC) en los que se ejerciten acciones de tutela de derechos fundamentales.

---

[8] No se entiende la exclusión de MASC de unos interdictos y no de otros, cuando las razones de urgencia son las mismas en todos esos procesos. De esta opinión es también Julio BANACLOCHE PALAO, «La incidencia de los medios adecuados de solución de controversias (MASC) en el proceso civil», en Julio BANACLOCHE PALAO, y Fernando GASCÓN INCHAUSTI, *La Justicia en España tras la Ley Orgánica de eficiencia*, Aranzadi, Pamplona 2025, pág. 272.

La teórica imposición de MASC a «los procesos especiales del libro IV» sí que presenta una extraordinaria complejidad, porque las excepciones que se detallan en los distintos ordinales del art. 5.2 LO 1/2025, por un lado, prácticamente vacían de contenido la regla (son tantos los procedimientos excepcionados, que lo excepcional al final son los procesos especiales sujetos a MASC), y por otro están tan deficientemente regulados que surgen importantes dudas de interpretación.

Para justificar esa rotunda conclusión, lo primero que hay que tener en cuenta es que cuál sea la nómina de procesos civiles especiales del libro IV no es algo totalmente claro. Porque si se analizan en profundidad los artículos que componen el indicado libro, sin atender estrictamente a las rúbricas de sus capítulos y secciones, resulta un listado complejo de procesos heterogéneos, algunos efectivamente declarativos civiles claramente individualizados y regulados, pero también algunos agazapados en artículos sueltos (como el proceso de reclamación de guardia y custodia o de alimentos de hijos menores del art. 770.I.6.º LEC), otros que no tienen carácter declarativo (como el proceso de eficacia civil de resoluciones canónicas del art. 778 LEC), y otros que ni siquiera tienen naturaleza propiamente civil ni por sus intervinientes ni por el derecho aplicable ni sobre todo por su objeto (como el proceso de internamiento no voluntario por trastorno psíquico del art. 763 LEC, el proceso de declaración de ilicitud de traslado o retención internacional del art. 778 sexies LEC, o el proceso de oposición a resoluciones administrativas de protección de menores del art. 779 y 780 LEC).

Así, del art. 5.2 LO 1/2025 resulta que se excepcionan de MASC los siguientes procesos especiales:

a) Los procesos de adopción de medidas del art. 158 CC, esto es, solicitudes de alimentos, guardia y custodia del art. 770.I.6.º LEC.

b) Los procesos de adopción de medidas judiciales de apoyo a las personas con discapacidad regulados en los arts. 756 y siguientes LEC.

c) Los procesos de filiación, paternidad y maternidad de los arts. 764 a 768 LEC.

d) Los procesos de tutela sumaria de la posesión (art. 250.1.4.º LEC en relación con el art. 447.2 LEC) y los de tutela sumaria para demolición o derribo (art. 250.1.6.º en relación con el art. 447.2 LEC), como dijimos antes.

e) Los procesos de ingreso de menores con problemas de conducta en centros de protección del art. 778 bis LEC, los procesos en solicitud de órdenes de entrada para la ejecución forzosa de medidas de protección de menores del art. 778 ter LEC, y los procesos de sustracción internacional de menores del art. 778 quater LEC.

f) El juicio cambiario de los arts. 819 a 827 LEC.

Pero además, aplicando al resto de procesos especiales del Libro IV la exclusión general de MASC que hace la LO 1/2025 de los procesos en los que una parte pertenezca al sector público (art. 3.2 LO 1/2025) y de los procesos que versen sobre materias indisponibles (art. 4.1.II LO 1/2025), resulta que también hay que excepcionar de la regla general de MASC previo los siguientes:

a) El proceso de internamiento no voluntario por razón de trastorno psíquico del art. 763 LEC, por versar sobre materia indisponible y por ser una de sus partes una entidad pública (art. 18 LPJM[9] y art. 172 CC).

b) El proceso de eficacia civil de resoluciones canónicas del art. 778 LEC, por no ser un proceso declarativo sino un simple expediente de reconocimiento de eficacia civil de una sentencia eclesiástica.

c) El proceso para determinar la necesidad de asentimiento en la adopción del art. 781 LEC, por versar sobre materia indisponible y por ser una de sus partes una entidad pública.[10]

d) El proceso de oposición a resoluciones de la Dirección General de Seguridad Jurídica y Fe Pública (antigua Dirección General de los Registros y del Notariado) en materia de Registro Civil del art. 781 bis LEC, por versar sobre materia indisponible y por ser una de sus partes una entidad pública.[11]

e) El proceso de declaración de ilicitud de traslado o retención internacional del art. 778 sexies LEC, por versar sobre materia indisponible y por ser una de sus partes una entidad pública.[12]

f) El proceso de oposición a resoluciones administrativas de protección de menores de los arts. 779 y 780 LEC, por versar sobre materia indisponible y por ser una de sus partes una entidad pública.[13]

Tras esta criba resulta que de los procesos especiales del Libro IV solo quedarían sujetos a MASC,

a) Los procesos de nulidad, separación y divorcio *contencioso* de los arts. 770 a 776 LEC… pero no el proceso de separación y divorcio de mutuo acuerdo del art. 777 LEC por lo que diremos luego.

En cuanto a los primeros (procesos matrimoniales contenciosos) cabe dudar razonablemente de que efectivamente les sea aplicable el requisito de MASC,

---

[9] Ley Orgánica 1/1996, de 15 de enero, de Protección Jurídica del Menor, de modificación parcial del Código Civil y de la Ley de Enjuiciamiento Civil (en adelante, «LPJM»).

[10] Este mal llamado «proceso especial» en realidad es una suerte de incidente (judicial y contencioso) que puede abrirse en el seno del expediente de jurisdicción voluntaria de adopción de los arts. 33 a 42 LJV. De esa naturaleza resulta que sería absurdo extenderle la exigencia de MASC previo.

[11] Y también porque este proceso especial no es ni siquiera civil en puridad sino más bien un proceso de objeto administrativo y tramitación híbrida entre lo contencioso y lo civil, cuyo conocimiento ha atribuido el legislador orgánico y procesal a los tribunales civiles.

[12] Proceso que, además, es otro injerto entre lo penal y lo administrativo en el ordenamiento procesal civil.

[13] Además de por ser un injerto en la LEC y en la jurisdicción civil de una materia puramente administrativa, hasta el punto de que presupone la previa tramitación de un expediente administrativo en el que se ha dictado una resolución que agota la vía administrativa, la cual no se impugna ante la jurisdicción contenciosa sino ante los tribunales civiles.

porque las cuestiones referidas al estado civil de las personas (que son las
que constituyen el objeto propio de estos procedimientos, aunque luego se
resuelvan en un tira y afloja sobre medidas económicas y paternofiliales) son
claramente de naturaleza indisponible. Julio BANACLOCHE PALAO argumenta
sólidamente la no exigibilidad de MASC previo a estos asuntos sobre la base de
una interpretación teleológica y sistemática del art. 4.1 LO 1/2025 (que excluye
de MASC los asuntos sobre materias no disponibles) en relación con el art. 5.2
LO 1/2025 (que no menciona a esos procedimientos entre los excepcionados de
MASC).[14] Sin embargo, la práctica totalidad de acuerdos de Juntas de Jueces
y reuniones de LAJ que se han ocupado de este concreto punto han optado por
hacerles extensible la exigencia de MASC.[15] Al mismo tiempo, vienen multi-
plicándose las iniciativas de los profesionales de la abogacía propugnando la
eliminación de la exigencia de MASC en buena parte de estos procesos, por la
demora adicional que imprimen al procedimiento en su conjunto y que puede
ocasionar perjuicios sobre todo a los menores.[16]

[14]   «En nuestra opinión, las materias que versan sobre estado civil (matrimonio, capacidad, filiación)
o en la que están implicados menores, no son disponibles para las partes. Lo anterior se ve corroborado por
el inciso final de ese mismo precepto [el art. 4.1.II LO 1/2025] que indica 'pero sí será posible su aplicación
en relación con los efectos y medidas previstos en los artículos 102 y 103 del Código Civil, sin perjuicio
de la homologación judicial del acuerdo alcanzado'. Es decir, los procesos matrimoniales (de separación
y divorcio, que son a los que se refieren expresamente los arts. 102 y 103 CC, no están sujetos a MASC
previo; pero si los cónyuges quieren ('será posible') llegar a acuerdos extrajudiciales sobre los efectos y
medidas aludidos en esos dos preceptos, lo pueden hacer —no está prohibido— aunque tendrán que ser
objeto de posterior autorización judicial». Julio BANACLOCHE PALAO, «Los procesos de familia tras la LO
1/2025: ¿Qué sucede con el juez competente, el 'MASC' previo y la vista en el juicio verbal?», en *Diario
La Ley*, n. 10.696 (2.4.2025).

[15]   Así por ejemplo, los criterios orientadores acordados (pero por mayoría) por la Junta de Jueces de
Familia de Madrid-Capital celebrada al efecto (¡y publicada sin referencia a fecha de celebración!) o la «Propuesta de Unificación de Criterios sobre la incidencia de los MASC en la jurisdicción civil» de 2.4.2025 del
Colegio Nacional de Letrados de la Administración de Justicia. Sostienen sin embargo la postura contraria
(la no exigibilidad de MASC salvo que el procedimiento empiece por solicitud de medidas previas) los LAJ
de Barcelona capital en reunión de unificación de criterios de 20.3.2025 Estos acuerdos y otros más pueden
consultarse, entre otros variopintos lugares, en el apartado dedicado a «Acuerdos, Unificación, Criterios-LO
1/2025» de la web del Consejo General de la Abogacía Española, https://www.abogacia.es/conocenos/consejo-
general/normativa-profesional/acuerdos-y-sentencias-judiciales-lo-1-2025/ (visitado 2.10.2025).

[16]   Entre otras, la Asociación Española de Abogados de Familia (AEAFA) ha denunciado al Defensor
del Pueblo la desprotección de los menores a resultas de la entrada en vigor de la LO 1/2025. Para esta
asociación, «la obligatoriedad de acreditar un intento de negociación extrajudicial antes de interponer
la demanda —incluso en medidas urgentes como las pensiones alimenticias, las custodias o el uso de la
vivienda familiar—, afecta a la protección de los hijos, que quedan durante semanas o meses sin respuesta
judicial a necesidades básicas», y la exigencia de MASC previo «no fomenta la eficiencia ni la agilidad de
la Justicia, sino que está provocando retrasos, inseguridad jurídica y, en muchos casos, una desprotección
flagrante de los niños y las niñas». Véase https://www.iustel.com/diario_del_derecho/noticia.asp?ref_ius-
tel=1260295 (visitado el 18.1.2026).

En cuanto a los procesos de separación y divorcio de mutuo acuerdo, su dinámica propia (la que resulta de la tramitación prevista por el art. 777 LEC) hace que no tenga ningún sentido hacerles extensible el MASC previo. En efecto, la presentación conjunta de una petición de separación o divorcio de mutuo acuerdo (la misma LEC evita llamarle «demanda») presupone necesariamente un proceso de negociación entre los cónyuges con intervención de abogado para redactar el convenio cuya aprobación luego se solicita conjuntamente de los tribunales. Así lo han entendido invariablemente Juntas de Jueces y reuniones de LAJ, en una interpretación, más que lógica y sistemática, llanamente *correctora* de un despiste más de la LO 1/2025.[17]

b) Los procesos universales (división judicial de la herencia de los arts. 782 ss. LEC, intervención del caudal hereditario de los arts. 790 a 796 LEC, y liquidación del régimen económico matrimonial de los arts. 806 a 811 LEC), en este caso sin especiales dudas.

c) Los procesos monitorios de los arts. 812 a 819 LEC independientemente de su cuantía[18] (pero *no* los procesos monitorios europeos ni los procesos europeos de escasa cuantía por exclusión expresa del art. 5.3 *in fine* LO 1/2025).[19]

Resulta patente, por lo tanto, que la teórica exigencia general de MASC a todos los asuntos civiles y mercantiles que establece el art. 3 LO 1/2025 queda rotundamente desmentida y vaciada por una multitud de excepciones de diversísimo tipo, que en ocasiones se solapan unas con otras y que en otros casos generan graves dudas interpretativas.

Pero además de lo que acabamos de exponer, es fundamental señalar que la exigencia de MASC en los términos que acabamos de exponer es solo aplicable a *demandas iniciadoras de procesos declarativos* en primer grado de jurisdicción.

---

[17]   Es, por ejemplo, el criterio de la Reunión de LAJ de Familia de Barcelona de 26.2.2025.

[18]   Aunque la exigencia de MASC en los procesos monitorios resulta de forma clara de los artículos que venimos analizando de la LO 1/2025 (lo cual no es poco, dado el enrevesado ir y venir entre reglas generales y excepciones en este punto), diversas Juntas de Jueces y reuniones de LAJ han visto necesario confirmar ese punto. Así por ejemplo la Junta de Jueces de Primera Instancia de Barcelona de 13.3.2025 o la de Juzgados de Primera Instancia e Hipotecarios de Madrid de 26.9.2025.

[19]   La decisión del legislador de exigir MASC en los procedimientos monitorios es más que discutible habida cuenta de los motivos que llevaron al legislador de 2000 a incorporar a nuestro ordenamiento este procedimiento, conceptualmente concebido como de tutela reforzada y ágil del crédito, pero al que ahora se antepone un trámite previo que como mínimo los ralentiza. Exigir un intento de MASC a este tipo de reclamaciones que, además, en muchas ocasiones son de cuantía ínfima, añade un gasto de tiempo y recursos a estos procesos (que según datos oficiales son un 30% de los pleitos civiles de nuevo ingreso) que en muchas ocasiones los hará devenir inviables por antieconómicos. Esta es una manifestación especialmente sangrante de lo que denuncia González García con respecto a la pretendida «eficiencia» que está en el frontispicio de la LO 1/2025, pues se estaría propiciando esa supuesta eficiencia «desde la invitación a los ciudadanos» (que en este caso no sería invitación sino práctica imposibilidad) «a que eviten la administración de Justicia». Jesús María González García, «A propósito...», *op. cit.*

Esta conclusión se deduce en parte del art. 5.3 LO 1/2025, interpretado *sensu contrario*, aunque formularla tan rotundamente requiere nuevamente que la interpretación no sea solamente sistemática sino también llanamente correctora de la desastrosa técnica legislativa de una ley que aun así se autodenomina de eficiencia. De hecho, no es unánime la doctrina en este punto,[20] y está por ver qué resultará de la práctica judicial al respecto.

En desarrollo de ese aserto, y sobre la base del art. 5.3 LO 1/2025, resulta más o menos indudable que no es preciso el intento de MASC previo,

a) «Para la interposición de una demanda ejecutiva», lo cual abarca tanto las de ejecución de título *judicial* (art. 517.2.1.º LEC), de *laudo arbitral* (art. 517.2.2.º LEC), de cualquier otra resolución procesal que lleve aparejada ejecución (art. 517.2.8.º y art. 517.2.9.º LEC), o de título *extrajudicial*, y en esto tanto acuerdos de MASC elevados a escritura pública (art. 517.2.2.º LEC en relación con los arts. 12 y 13 LO 1/2025) como el resto de títulos ejecutivos extrajudiciales (números 4 a 7 del art. 517.2 LEC).

La no exigencia de MASC a las demandas ejecutivas de títulos extrajudiciales distintos a las escrituras elevando a público un acuerdo alcanzado en un proceso negociador es más que discutible desde un punto de vista de política legislativa. Téngase en cuenta, en primer lugar, que en este caso la demanda ejecutiva se interpone sin necesidad de declarativo previo; y en segundo lugar, que precisamente en este campo (y muy señaladamente en las ejecuciones hipotecarias) no solo se han abierto en la última década cauces de control de oficio y oposición a instancia de parte que han rebajado la directa ejecutividad de estos títulos para proteger fundamentalmente a los consumidores frente a cláusulas abusivas, sino que se dilucidan cuestiones de gran relevancia respecto a las cuales la intimación legal a negociar tendría perfecto sentido a la vista de los fines perseguidos por el legislador de la LO 1/2025.[21]

b) Para «la solicitud de medidas cautelares previas a la demanda», lo cual parece lógico también habida cuenta de la urgencia que siempre revisten estas peticiones.[22]

---

[20]   Helena SOLETO MUÑOZ, en su trabajo en «El nuevo paradigma de justicia: la resolución adecuada de conflictos», da por supuesto que el requisito de procedibilidad es aplicable únicamente a demandas declarativas. El trabajo citado está incluido en ídem, *Mediación y resolución..., op. cit.,* pág. 38.

[21]   Revoca un auto de primera instancia inadmitiendo una demanda de ejecución hipotecaria por no haber intentado MASC, entre otras, el Auto de la AP de Navarra 373/2025 de 29 de octubre (ECLI:ES:APNA:2025:1472A).

[22]   En el caso de que se hayan solicitado y acordado medidas cautelares antes o durante la tramitación del proceso de negociación, se altera radicalmente el plazo que tiene el requirente para interponer demanda desde que el MASC concluye sin acuerdo. Sobre esto, véase el apartado 2 del capítulo 6 de esta obra.

Hay que entender que tampoco será necesario MASC previo, ni a la solicitud de medidas cautelares posteriores a la demanda (en esos supuestos, ya se habrá intentado MASC antes de interponer la demanda rectora del pleito en cuyo curso luego se solicitan medidas de aseguramiento ex art. 730.4 LEC), ni a la solicitud de medidas cautelares coetáneas (en este supuesto el MASC será exigible, si fuera el caso, a la pretensión principal cuyo aseguramiento se pretenda con la solicitud de medida cautelar).

c) Para «la iniciación de expedientes de jurisdicción voluntaria» si bien «con excepción de los expedientes de intervención judicial en los casos de desacuerdo conyugal y en la administración de bienes gananciales, así como de los de intervención judicial en caso de desacuerdo en el ejercicio de la patria potestad».

Aunque no lo precise la LO 1/2025, no tiene sentido a nuestro juicio exigir MASC previamente a la interposición de demanda reconvencional (art. 406 LEC)[23] o a la demanda ampliada en caso de litisconsorcio pasivo sobrevenido.[24] Tampoco para la demanda de ordinario derivada de la previa oposición a monitorio (art. 818.2.II LEC),[25] porque previamente a la petición de inicio del monitorio ya se habrá intentado la negociación extrajudicial. Tampoco parece que lo tenga para la formulación de incidente extraordinario de nulidad de actuaciones (art. 228 LEC) ni para la interposición de recursos o medios de impugnación, ordinarios o extraordinarios.

2. Iniciativa para iniciar el proceso de negociación y para elegir MASC (art. 5.4 LO 1/2025)

En cuanto a la *iniciativa* para acudir a un MASC, el art. 5.4 LO 1/2025 establece que

… [l]a iniciativa de acudir a los medios adecuados de solución de controversias puede proceder de una de las partes, de ambas de común acuerdo, o bien de una decisión judicial o del letrado o letrada de la Administración de Justicia de derivación de las partes a este tipo de medios.

Este artículo es singularmente desafortunado porque oscila entre lo obvio (y por tanto superfluo) y lo incorrecto.

---

[23] En contra, Vicente Pérez Daudí, «Los MASC como requisito de procedibilidad: naturaleza jurídica y su posible subsanación», en *Justicia*, 2025-1, pág. 202. En muy similares términos, Pérez Daudí, Vicente: «Los MASC como requisito de procedibilidad», en Sonia Calaza López, e Ixusko Ordeñana Gezuraga (coords.), *Guía práctica de los MASC*, Aranzadi 2025.

[24] De este criterio es también Eduardo Luna Álvarez, «Eficiencia con garantías: MASC, tutela judicial y seguridad jurídica tras la LO 1/2025», en *Revista General de Derecho Procesal*, n.º 67 (2025).

[25] Es el criterio del fórum de unificación de criterios de los LAJ de Barcelona capital y provincia de 20.3.2025.

Lo *obvio* porque si, como hemos reiterado en varias ocasiones, los MASC son variantes de la transacción y manifestación de la autonomía de los particulares para componer consensuadamente sus diferencias basadas en Derecho Privado (la autonomía privada precede a los MASC y no es una graciosa concesión de la LO 1/2025), decir que la iniciativa para acudir a ellos puede ser de una u otra de las partes o de ambas conjuntamente es no decir nada, o por lo menos nada nuevo.

Lo *incorrecto* porque la referencia a que jueces o LAJ puedan emitir una «decisión» de derivación de un litigio pendiente a MASC ni siquiera se ajusta a la regulación de la propia LO 1/2025, que no ha llegado a establecer ningún supuesto ni posibilidad de que los jueces o los LAJ *impongan* a las partes la derivación de su pleito a MASC. La LO 1/2025 se ha limitado a injertar en la regulación de los procesos ordinario y verbal una serie de referencias a la posibilidad de que el Juez *invite* a las partes en distintos momentos a solicitar la suspensión del proceso para iniciar un proceso de negociación, pero siempre dejando la efectiva suspensión y derivación a la voluntad conforme de *ambas* partes.[26]

El supuesto más claro en este sentido, especialmente relevante por estar situado en sede general de regulación del poder de disposición de las partes sobre el proceso y sus pretensiones, es el del art. 19.5 LEC añadido por la misma LO 1/2025 según el cual

> … [e]n cualquier momento del procedimiento, el letrado o letrada de la Administración de Justicia o el juez, jueza o tribunal *podrá plantear a las partes la posibilidad* de derivar el litigio a mediación o a otro medio adecuado de solución de controversias, siempre que considere, mediante resolución motivada que podrá ser oral, que concurren circunstancias que posibilitan una solución del conflicto en dicho ámbito y, singularmente, en los casos en que no haya sido posible llevar a cabo la actividad negociadora previa. *La derivación requerirá la conformidad de las partes, que podrán pedir conjuntamente la suspensión del procedimiento.*

Teniendo en cuenta la obligatoriedad de intento previo de MASC en los términos y con el alcance que hemos estudiado en los apartados anteriores, la derivación, o más bien la *invitación* o sugerencia del juez o LAJ a las partes a que soliciten suspensión del pleito para iniciar un proceso de negociación, tendrá más sentido cuando la negociación previa no se haya podido llevar materialmente a cabo por no haber podido el instante localizar a su contraparte y haber interpuesto demanda limitándose a acompañar la declaración responsable del art. 264.I.4.º LEC.[27]

Lo único que añade este artículo a lo que ya resulta necesariamente de la autonomía de las partes para componer negociadamente sus litigios es la regla de prelación temporal en caso de desacuerdo sobre la elección de MASC que se contiene en el segundo párrafo del art. 5.4 LO 1/2025, a saber, que

---

[26]   Sobre esto véase el capítulo 3 de esta obra.
[27]   Aunque tampoco cabe excluir la invitación judicial a derivar a MASC (o incluso la iniciativa de las partes a tal fin) aunque previamente al pleito ya hayan intentado otro mecanismo sin éxito.

… [p]ara el caso de que todas las partes plantearan acudir a un medio adecuado de solución de controversias y no existiera acuerdo sobre cuál de ellos utilizar, *se empleará aquel que se haya propuesto antes temporalmente*.[28]

En punto a iniciativa y elección de MASC hay que entender que serían válidas y vinculantes, en cuanto expresión de la autonomía de la voluntad de las partes y de su capacidad contractual no limitada en esto por la LO 1/2025, las *cláusulas de sumisión a un determinado MASC* incorporadas a los contratos o acuerdos en relación con los cuales surgieran discrepancias entre las partes. De obrar en un contrato una tal cláusula, esa elección vincularía a ambas partes cuando surgiesen discrepancias y pusiesen en marcha un proceso negociador para intentar componerlas extrajudicialmente (salvo que, claro está, iniciado otro MASC por una de ellas la otra se aviniese a encauzar de ese modo el intento de negociación), y el intento de otro MASC distinto al previamente convenido no podría tenerse como cumplimiento del requisito de procedibilidad.[29]

Una cláusula de sumisión, para ser relevante y no ser una simple redundancia de lo que impone genéricamente el art. 5.1 LO 1/2025, deberá serlo *a un MASC concreto*, y no limitarse a afirmar que en caso de conflicto las partes intentarán solventar extrajudicialmente sus discrepancias antes de acudir a los tribunales. Una mención como esta última sería superflua, pues vigente la LO 1/2025, ese intento es exigencia legal *velis nolis*, lo expresen o no los contratantes.

Para que la cláusula de sumisión a un MASC sea válida y vinculante tendrá también que cumplir los requisitos generales de las obligaciones y los contratos: tanto los tradicionales contenidos en el Código Civil (fundamentalmente: consentimiento, objeto y causa, arts. 1261 y siguientes CC) como, en caso de tratarse de contratación seriada entre profesionales y consumidores, los de transparencia formal y material de la normativa sobre protección de consumidores y usuarios (fundamentalmente art. 5 de la Ley 7/1998 de Condiciones Generales de la Contratación[30] y art. 83 del Texto Refundido de la Ley General para la Defensa de Consumidores y Usuarios).[31]

Que la cláusula de sumisión a un MASC sea válida y vinculante implicará necesariamente, a mi juicio, que una parte no podrá, en caso de surgir discrepancias e iniciar el camino hacia la elevación a estado judicial del conflicto, optar posteriormente por un MASC distinto al convenido. Y que, por tanto, el MASC intentado sin éxito por una

---

[28] En sede de opinión de experto independiente, sin embargo, la elección del experto deberá hacerse por las partes de *mutuo acuerdo* (art. 18.1 LO 1/2025).

[29] Así se prevé expresamente en el art. 6.2 LMed.

[30] Ley 7/1998, de 13 de abril, de Condiciones Generales de la Contratación (en adelante, «LCGC»).

[31] Real Decreto Legislativo 1/2007, de 16 de noviembre, por el que se aprueba el texto refundido de la Ley General para la Defensa de los Consumidores y Usuarios y otras leyes complementarias (en adelante, «TRLGDCU»).

parte distinto al convenido inicialmente[32] no servirá para tener por cumplido el requisito de procedibilidad del art. 5.1 LO 1/2025, y por tanto deberá conllevar la inadmisión a trámite de la demanda (si se estima el correspondiente recurso de reposición interpuesto por el demandado contra el decreto de admisión a trámite) o el archivo del procedimiento (si se acoge por el tribunal la correspondiente excepción opuesta por el demandado en la contestación a la demanda).[33]

Esto es así porque, por mucho que la LO 1/2025 establezca con carácter general que el requisito de procedibilidad se entenderá cumplido acudiendo a «*cualquier* tipo de actividad negociadora» (art. 5.1.II LO 1/2025), que la ley incluya un elenco de MASC, y que establezca una regla para la elección de MASC, todo eso tiene que cohonestarse precisamente con el principio de autonomía privada del art. 4.1 LO 1/2025 si no quiere dejarse totalmente vacía de contenido esa pretendida autonomía.[34] El acuerdo válido de las partes de sumisión a un concreto MASC debe considerarse ley especial que por lo tanto excepciona o más bien precisa el modo en que se aplicará el requisito general de procedibilidad.

3. DISPOSICIONES GENERALES APLICABLES A TODOS LOS MASC

Sin perjuicio de la regulación más o menos detallada de unos y otros MASC, que analizaremos fundamentalmente en el capítulo 4, la LO 1/2025 establece una serie de normas generales aplicables a todos los mecanismos negociadores.

3.1. Asistencia letrada (arts. 6 y 11 LO 1/2025)

Según el art. 6.1 LO 1/2025,

… [l]as partes podrán acudir a cualquiera de los medios adecuados de solución de controversias asistidas de abogado.

---

[32]   Salvo, claro está, que la contraparte acepte intentar la negociación por esa vía, aunque luego no se llegue a un acuerdo en su seno.

[33]   La excepción entiendo que sería una excepción innominada pero perfectamente oponible al amparo del art. 425 LEC. No obstante, cabría argumentar en estos casos la extemporaneidad de la alegación de inadmisibilidad de la demanda por vía de excepción en la contestación porque debería haberse planteado como fundamento de recurso de reposición contra el previo decreto de admisión a trámite de la demanda, en la medida en que haber dejado pasar esa posibilidad de reposición haría que precluyese para el demandado la posibilidad de aducir la inadmisibilidad por vía de excepción. Pues al fin y al cabo, el decreto precisamente *admite a trámite* la demanda interpuesta sin haberse intentado el MASC convenido, y ese pronunciamiento puede (y debe) ser recurrido por quien lo estime contrario a Derecho.

[34]   En todo esto podrá arrojar luz la amplia y consolidada jurisprudencia y la abundante doctrina sobre la validez de los convenios de sumisión a arbitraje, institución esta que, aun distinguiéndose de los MASC en que es propiamente jurisdiccional, al fin y al cabo se apoya y es posible, como los MASC, sobre la base de la autonomía de las partes y su capacidad para transigir sobre sus derechos privados.

Si el art. 5.4 LO 1/2025 sobre iniciativa para iniciar un proceso de negociación extrajudicial oscila entre lo obvio y lo incorrecto, el recién transcrito art. 6 LO 1/2025 en materia de asistencia letrada a las partes en un MASC se mueve entre la obviedad y la ingenuidad.

Obvio es en efecto que las partes enfrentadas podrán contar con los servicios profesionales de un letrado para asistirles en el intento extrajudicial de composición de sus diferencias jurídicas: lo llamativo (aparte de inconstitucional) sería que se les prohibiese.

Ingenuo es pensar que las partes no querrán normalmente contar con ellos, habida cuenta no solo de la complejidad que pueda revestir el conflicto que los separe, sino de la dificultad que tiene orientarse en el laberinto de requisitos y formalidades que establece la LO 1/2025 para tener por cumplido el requisito de procedibilidad (en caso de fracasar el intento de acuerdo extrajudicial) o para que el documento en que se plasme el acuerdo tenga fuerza ejecutiva (en caso de culminar el MASC en acuerdo).[35]

En esto último se pone de manifiesto una vez más que la LO 1/2025 no ha hecho sino determinar, condicionar y en última instancia limitar la autonomía de las partes, aun proclamándola tan sonoramente en su artículo 4.

Establecida la regla general en el art. 6.1 LO 1/2025, el art. 6.2 incorpora un supuesto especial de asistencia letrada preceptiva en MASC: «cuando se utilice como medio adecuado de solución de controversias la *oferta vinculante*, excepto cuando la cuantía del asunto controvertido no supere los dos mil euros o bien cuando una ley sectorial no exija la intervención de letrado o letrada para la realización o aceptación de la oferta». Puestos a exigir asistencia letrada en MASC para velar por la igualdad de las partes, no se entienden las razones de política legislativa que han llevado a imponerla solo para cuando se recurra a la oferta vinculante, un MASC conceptualmente mucho más sencillo que otros como la conciliación o la mediación.

Además de ese supuesto, también es preceptiva por diseño legal la asistencia de abogado en los procesos de Derecho colaborativo del art. 19 LO 1/2025.

En cualquier caso, también para velar por la igualdad de las partes, el art. 6.3 LO 1/2025 establece que

> ... [e]n los casos en que no siendo preceptiva la asistencia letrada, cualquiera de las partes pretendiera servirse de ella, lo hará constar así en el requerimiento o en el plazo de tres días desde la fecha de recepción de la propuesta por la parte requerida.

---

[35] En esta línea, apunta Eva SANJURJO RÍOS, «Nuevos tiempos...», *op. cit.*, pág. 309, que «resultará especialmente importante que las partes cuenten con un buen asesoramiento jurídico por parte de un abogado que esté bien informado y formado de todas las novedades introducidas por la LO 1/2025 con respecto al nuevo requisito de procedibilidad, a fin de garantizar el cumplimiento de todos los requisitos o presupuestos necesarios impuestos por parte del legislador si, en el futuro, ha de acudirse a la vía judicial».

El art. 11 LO 1/2025 complementa lo relativo a la asistencia de abogado en MASC con una sucinta referencia a la distribución de la obligación de pago de honorarios por los servicios de asesoramiento profesional.

Según el indicado art. 11 LO 1/2025, en su apartado 1,

> ... [c]uando las partes acudan al proceso negociador asistidas por sus abogados o abogadas habrán de abonar los respectivos honorarios, salvo que se tenga derecho al beneficio de justicia gratuita.

Este es uno de los puntos donde el legislador de la LO 1/2025 parece caer en la cuenta de que, con la imposición de los MASC como requisito de procedibilidad, en muchos casos se incrementa el coste de gestión de los litigios (y, en todos, se adelanta el devengo de honorarios y la generación de gastos). En efecto, si un MASC fracasa las partes habrán asumido los costes adicionales que en dinero y tiempo habrá generado el intento de negociación, y aun así luego tendrán que embarcarse en el ulterior pleito que tendrá sus costes propios.

Dado que los costes del MASC previo se hacen recaer ordinariamente sobre las partes enfrentadas, la LO 1/2025 procura establecer mecanismos que solucionen o atemperen ese sobrecoste. Lo hace fundamentalmente remitiendo a la parte que cumpla con los requisitos legales a solicitar asistencia jurídica gratuita. A esos efectos la Disposición Final 10.2 de la LO 1/2025 ha añadido un ordinal 11 al art. 6.I de la LAJG, de modo que ahora el derecho a la asistencia jurídica gratuita también comprende,

> ... [l]a asistencia gratuita de profesional de la abogacía en cualquiera de los medios adecuados de solución de controversias permitidos por la ley que tenga por objeto dar cumplimiento al requisito de procedibilidad dispuesto en el artículo 5 de la Ley Orgánica de medidas en materia de eficiencia del Servicio Público de Justicia, cuando en el eventual proceso judicial la intervención de este profesional sea legalmente preceptiva o cuando, no siéndolo, la parte contraria actúe con él.

Quien pretenda ejercitar acciones judiciales y cumpla los requisitos para beneficiarse de asistencia jurídica gratuita podrá, por tanto, solicitar el nombramiento de un abogado de oficio que le asista en el planteamiento y desarrollo del intento de negociación extrajudicial. Como podrá por supuesto solicitarlo quien sea requerido de MASC en el momento de recibir el requerimiento. Supuesto este en el que hay que entender que se suspenderá el cómputo de los plazos legalmente establecidos para el desarrollo de los distintos MASC entre el momento de dicha solicitud y el momento del nombramiento del letrado.[36]

El legislador añade también disposiciones de atemperación de los costes que para las partes supone la imposición del nuevo modelo de MASC preceptivo, que operan

---

[36] Estos plazos se estudian en el apartado 1 del capítulo 6 de esta obra.

sobre la base de la prevista y ordenada futura creación de organismos y plataformas públicas «de acceso gratuito para las partes».

Así, en primer lugar el art. 11.2 LO 1/2025 establece con carácter general que

> … [s]e asegurará la existencia de mecanismos públicos para la solución de conflictos de acceso gratuito para las partes. Si las partes deciden optar por otros mecanismos en el caso de que intervenga una tercera persona neutral, sus honorarios profesionales serán objeto de acuerdo previo con las partes intervinientes. Si la parte invitada a participar en el proceso negociador no acepta la intervención de la tercera persona neutral propuesta unilateralmente por la otra parte, deberá esta abonar íntegramente, de haberlos, los honorarios devengados hasta ese momento por la tercera persona neutral.[37]

En segundo lugar, la DA 3.ª de la LO 1/2025 dispone que «[e]n el ámbito de sus respectivas competencias, el Ministerio de Justicia y las Comunidades Autónomas constituirán, en la forma que consideren adecuada, los servicios de medios adecuados de solución de controversias».

Ni que decir tiene que esa gratuidad para las partes no quita que todos esos mecanismos tendrán un coste (a sufragar con cargo a los Presupuestos Generales del Estado o de los correlativos autonómicos). Y que incluso si llegase a ser cierto que la eficiencia procesal llega a traducirse en una reducción del coste que supone el funcionamiento de la Administración de Justicia (cosa que nos permitimos dudar), el coste global del sistema, no solo para las partes sino también para los presupuestos públicos (estatales, autonómicos, y seguramente también locales), acabará siendo notablemente mayor.

3.2. Uso de medios telemáticos (art. 8 LO 1/2025)

De forma coherente con la generalización del uso de medios telemáticos en los procesos judiciales, el art. 8.1 LO 1/2025 dispone que

> … [l]as partes podrán acordar que todas o alguna de las actuaciones de negociación … se lleven a cabo por medios telemáticos».[38]

---

[37] En cuanto a los costes de la intervención de terceros neutrales, la Disposición Adicional 2.ª de la LO 1/2025 añade que «[p]ara los casos en que la utilización del medio adecuado de resolución de controversias sea requisito de procedibilidad antes de acudir a los tribunales de justicia y para aquellos otros en que la intervención del tercero neutral se produzca por derivación de dichos tribunales una vez iniciado el proceso, *las Administraciones con competencias en materia de Justicia podrán establecer, en su caso, cuanto tengan por conveniente para sufragar el coste de la intervención de dicho tercero neutral, en todo o en parte, con cargo a fondos públicos y para aquellas personas en quienes concurran los requisitos que se establezcan a tal efecto*, en la medida en que los medios adecuados de solución de controversias permitan reducir tanto la litigiosidad como sus costes, siempre de acuerdo con las disponibilidades presupuestarias».

[38] Analiza extensamente la regulación del uso de medios telemáticos en los MASC María MARCOS GONZÁLEZ, «Los MASC mediante medios telemáticos», en Sonia CALAZA LÓPEZ, e Ixusko ORDEÑANA GEZURAGA (coords.), *Guía práctica de los MASC*, Aranzadi 2025, págs. 199 a 230.

Que las negociaciones extrajudiciales puedan desarrollarse por medios telemáticos no quita que, igual que cuando se prefiera desarrollarlas presencialmente, lo relevante y crucial a efectos de cumplimiento del requisito de procedibilidad será la adecuada documentación y constancia de lo actuado. Así, el mismo art. 8.1 LO 1/2025 continúa exigiendo que «quede garantizada la identidad de los intervinientes y el respeto a las normas previstas en este título».

Si el art. 8.1 LO 1/2025 dice que las partes «podrán acordar» negociar telemáticamente, *sensu contrario* hay que entender que, a falta de acuerdo, la negociación deberá realizarse por medios no telemáticos, esto es, escritos o presenciales.

3.3. **Confidencialidad y protección de datos (art. 9 LO 1/2025)**

Con carácter general, el art. 9.1 LO 1/2025 establece que

> … [e]l proceso de negociación y la documentación utilizada en el mismo son confidenciales, salvo la información relativa a si las partes acudieron o no al intento de negociación previa y al objeto de la controversia.

El art. 9.2 LO 1/2025 precisa que esa obligación de confidencialidad se extiende no solo a los abogados y profesionales intervinientes (incluyendo mediadores, conciliadores, terceros neutrales, etc.), sino *también a las partes.*

La obligación de reserva y confidencialidad es algo que, en lo que hace a los abogados (los cuales, aunque el art. 6 LO 1/2025 parezca tener en mente que asistirán a las partes de forma excepcional, previsiblemente lo harán en la inmensa mayoría de los casos), ya está previsto en las normas que gobiernan la profesión, señaladamente en el Estatuto General de la Abogacía Española (arts. 21 a 24)[39] y en el Código Deontológico de la Abogacía Española (especialmente su art. 5),[40] así como en el art. 16 de la LO 5/2024 del Derecho de Defensa.[41] También lo prevén las leyes especiales reguladoras de los distintos MASC, por ejemplo, el art. 9 de la LMed.

Más allá de eso, esa obligación de confidencialidad y reserva hay que entenderla aplicable primordialmente a los MASC que concluyan sin acuerdo. Porque en los que concluyan con acuerdo, por un lado, dejarán de existir en muchos casos las razones que aconsejan mantener la confidencialidad de los tratos y conversaciones que finalmente llegaron a buen puerto; y, por otro, normalmente el acuerdo contendrá previsiones al respecto.

En caso por tanto de *no* llegar a buen puerto el MASC intentado por las partes, rige para ambas, para sus asesores y para los terceros que hayan intervenido en el proceso negociador, la obligación de mantener la confidencialidad del proceso de negociación

---

[39] Real Decreto 135/2021 por el que se aprueba el Estatuto General de la Abogacía Española.
[40] Aprobado por el Pleno del Consejo General de la Abogacía Española el 6 de marzo de 2019.
[41] Ley Orgánica 5/2024, de 11 de noviembre, del Derecho de Defensa.

y de la documentación y datos a que hayan tenido acceso en el curso del mismo, «salvo la información relativa a si las partes acudieron o no al intento de negociación previa y al objeto de la controversia» (art. 9.1 LO 1/2025, antes citado). Esta excepción se establece a los efectos de que el posterior demandante pueda documentar y explicitar ese previo intento frustrado a los efectos de cumplir con el requisito de procedibilidad y conseguir la admisión a trámite de su demanda (arts. 5.1 LO 1/2025 en relación con los arts. 399.4 y 264.I.4.º LEC), pero sin desvelar los términos de la negociación ni aportar al proceso los datos y documentos obtenidos en su seno.

Siendo esto así, la confidencialidad a que se refiere la LO 1/2025 primordialmente está orientada a no contaminar el proceso judicial ulterior ni propiciar una ventaja ilícita para una parte en perjuicio de la otra.

La obligación de confidencialidad no regirá (o cesará) en los supuestos previstos por el art. 9.2 LO 1/2025, a saber:

a) Cuando todas las partes se hayan dispensado de tal obligación, de forma expresa o por escrito.

b) Cuando sea necesario para la tramitación de la posible solicitud de exoneración o moderación de costas al término del ulterior proceso (art. 245.5 y 245 bis LEC).[42]

c) Cuando un juez del orden jurisdiccional penal solicite la documentación del proceso negociador mediante resolución judicial motivada.

d) Cuando resulte necesario por razones de orden público, «en particular cuando así lo requiera la protección del interés superior del menor o la prevención de daños a la integridad física o psicológica de una persona».

De no darse alguno de estos supuestos, la aportación de los documentos o datos a que se haya tenido acceso con ocasión de un MASC a un proceso posterior a ese MASC frustrado (sea aquel en el que se ejerciten las acciones referidas al objeto de ese previo MASC o cualquier otro) deberá reputarse un supuesto de prueba ilícita del art. 283.3 LEC y por tanto se decretará la exclusión de esos documentos o datos de los autos del proceso de que se trate (art. 9.2.II y 9.3 LO 1/2025).[43]

Aparte de lo dicho, el art. 9.4 LO 1/2025 establece que el tratamiento de datos de carácter personal de las personas físicas intervinientes en un MASC se realizará con arreglo a lo que impone el Reglamento General de Protección de Datos.[44]

---

[42] Sobre esto, véase el apartado 2 del capítulo 8 de esta obra.

[43] En contra, Miquel TUCHO MORILLO, «Confidencialidad de los MASC, derecho a la prueba y proceso civil: apuntes para una pacífica coexistencia», en *Justicia*, 2024-1, especialmente págs. 404 y ss.

[44] Reglamento (UE) 2016/679 del Parlamento Europeo y del Consejo relativo a la protección de las personas físicas en lo que respecta al tratamiento de datos personales y a la libre circulación de esos datos.

CAPÍTULO 3

LA DERIVACIÓN A MASC
DE LA CONTROVERSIA *LITE PENDENTE*

Reiterando ideas ya expuestas anteriormente, en lo que a esta obra respecta las dos principales (¿únicas?) novedades de la LO 1/2025 son: primero, imponer como requisito de procedibilidad el intento de MASC para poder ejercitar acciones civiles (art. 5.1 LO 1/2025); y segundo, el otorgamiento de ejecutividad de los acuerdos de MASC (de cualquier MASC y no necesariamente de aquellos en los que intervenga un tercero dotado de potestad pública) elevados a escritura notarial (arts. 12 y 13 LO 1/2025 en relación con el art. 517.2.2.º LEC).

El legislador busca con todo ello promover el arreglo y la composición extrajudicial de las controversias civiles. Y lo hace en dos frentes distintos pero relacionados: por un lado, intentando evitar la elevación a estado judicial de los conflictos jurídicos (de ahí el requisito de procedibilidad, analizado en el capítulo anterior); por otro, *incentivando la suspensión de los procesos pendientes y la derivación a MASC de la controversia ya judicializada.*

A esto último se dedica el presente capítulo.

1. LA NECESARIA VOLUNTAD CONFORME DE AMBAS PARTES PARA DERIVAR A MASC UN PLEITO EN CURSO (ART. 4 LO 1/2025 Y 19 LEC)

La LO 1/2025 no solo erige los MASC en requisito de procedibilidad para el ejercicio de acciones judiciales, sino que iniciado el procedimiento judicial insiste una y otra vez en abrir la puerta a la suspensión del proceso y la derivación de la cuestión litigiosa a un MASC.

Esto lo hace la LO 1/2025 añadiendo, a las referencias ya existentes antes de su promulgación a la posibilidad de acuerdo *lite pendente*, modificaciones y adiciones a diversos preceptos, tanto en sede de juicio ordinario como en sede de juicio verbal. No hay modificaciones ni menciones en sede de procesos especiales, pero tanto por aplicación de la regla general de autonomía (art. 4 LO 1/2025) y disponibilidad de pretensiones (art. 19 LEC), como en la medida en que a los procesos especiales les son de aplicación subsidiaria la regulación del juicio verbal o del juicio ordinario (muchas veces por remisión expresa), no cabe duda de que a esos otros procesos son igualmente aplicables, *mutatis mutandis*, las posibilidades de derivación a MASC en el curso del proceso ya entablado.[1]

Creo, sin embargo, que las modificaciones y adiciones de la LO 1/2025 a la LEC en este punto son un fútil ejercicio de ciclismo en bicicleta estática, pues al no haberse establecido supuestos de derivación a MASC por mandato judicial, no hacen más que abundar en lo que ya de por sí resulta del art. 19 LEC (no solo en la redacción que resulta de la reforma operada por la LO 1/2025, sino en su redacción originaria de 2000) y de los principios generales del enjuiciamiento civil en España: que las partes podrán, pero solo si ambas están conformes, solicitar la suspensión del proceso para iniciar un proceso de negociación.

Así, la LO 1/2025 añade varios momentos procesales en los que el juez podrá o deberá *sugerir* a las partes la posibilidad de derivar el litigio a un MASC mediante una resolución razonada, que podrá ser tanto escrita como oral (art. 19.1 LEC en su redacción resultante de la LO 1/2025). Pero en la medida en que para que el pleito efectivamente se suspenda y se ponga en marcha el MASC será precisa la aquiescencia de *ambas* partes, esas intimaciones judiciales quedarán previsiblemente en nada en la mayoría de los casos; igual que sucede casi invariablemente, ya desde la entrada en vigor de la actual LEC, con la comprobación de si subsiste el litigio al inicio de la audiencia previa (art. 415.1 LEC en su redacción anterior a la modificación operada por la LO 1/2025).

Porque en efecto, en el marco del art. 19 LEC, ya antes de la reforma y en realidad desde su promulgación allá por el año 2000, la LEC buscaba propiciar la composición por las partes de sus controversias abriendo distintos espacios para la misma en el curso del proceso ya entablado. Y así, en sede de juicio ordinario se establecía (y se establece) que el juez informará a las partes de la posibilidad de intentar un acuerdo o transacción al inicio de la audiencia previa (arts. 414.1.II LEC y luego art. 415 LEC); y que tras la fijación de hechos controvertidos el juez podrá exhortar a las partes a tal fin (art. 428.2 LEC). En sede de juicio verbal también se explicitaba y se explicita la posibilidad de acuerdo en el art. 443.1.II LEC. Y más allá de esas menciones, el art. 19.3 LEC establece que las partes podrán transigir «en cualquier momento de la primera instancia o de los recursos o de la ejecución de sentencia» (art. 19.3 LEC). De nuevo, es una posibilidad que cabe sobre la base del carácter generalmente disponible de los derechos en conflicto, y del carácter igualmente disponible de las acciones que de los mismos dimanan.

---

[1] Evidentemente, en el bien entendido de que se trate de procesos en los que se ventilen pretensiones disponibles, y que por tanto estén sujetos a MASC previo. En esto véase lo expuesto en el capítulo 2 *supra*.

2. SUPUESTOS EXPRESAMENTE PREVISTOS DE DERIVACIÓN A MASC DE UN PLEITO PENDIENTE

En este marco conceptual, por tanto, la LO 1/2025 lo único que hace es añadir nuevos momentos en los que el juez podrá o deberá animar a las partes a llegar a un acuerdo, sea en su presencia, o sea fuera de la sede judicial con suspensión de las actuaciones.

A continuación intentaremos hacer un elenco exhaustivo de esos momentos, mencionando tanto los preexistentes a la LO 1/2025 como los resultantes de la reforma.

2.1. Posibilidad de derivación a MASC en cualquier momento del procedimiento (art. 19.5 LO 1/2025)

En primer lugar y como regla general, siempre debe tenerse en cuenta que *en cualquier momento del procedimiento* el juez (o el LAJ, en función del trámite de que se trate) podrá plantear a las partes la posibilidad de derivar el litigio a un MASC.

Así, sobre la base de la facultad general de disposición de las partes (art. 19.1 LEC), el art. 19.5 LO 1/2025 reformado establece que

> … [e]n cualquier momento del procedimiento, el letrado o letrada de la Administración de Justicia o el juez, jueza o tribunal podrá plantear a las partes la posibilidad de derivar el litigio a mediación o a otro medio adecuado de solución de controversias, siempre que considere, mediante resolución motivada que podrá ser oral, que concurren circunstancias que posibilitan una solución del conflicto en dicho ámbito, y singularmente, en los casos en que no haya sido posible llevar a cabo la actividad negociadora previa. La derivación requerirá la conformidad de las partes, que podrán pedir conjuntamente la suspensión del procedimiento.

La intimación del juez o LAJ a derivar el litigio a MASC deberá hacerse por resolución *motivada*. En ella se explicitarán las razones por las que el juez o LAJ consideran que el concreto litigio es particularmente susceptible de ser transado. Teniendo en cuenta, no obstante, que esa resolución podrá ser no solo escrita sino también oral, lo previsible será que, a lo sumo, esta intimación se materialice en una simple mención verbal y rituaria de la posibilidad de derivar el pleito a MASC («se informa a las partes de la posibilidad de intentar un arreglo extrajudicial del presente pleito»), que las partes desecharán sin más («no es posible el acuerdo, Señoría»).[2]

---

[2] Que esto sea así no es una manifestación de una perversa «cultura litigiosa». Las partes (y sus abogados) se juegan mucho en un pleito; previamente al mismo habrán intentado transar sus diferencias (ahora lo harán obligadamente por mor de la imposición del requisito de procedibilidad del art. 5.1 LO 1/2025); y con las espadas en alto, una sala de vistas no es generalmente el lugar para abrir y desarrollar una negociación, ni para decidir en caliente si solicitar la suspensión y derivación a MASC (que sería un segundo MASC en la mayoría de los casos, pues para salvar el requisito de procedibilidad y salvo el supuesto del art. 264.I.4.° *in fine* LEC, ya antes del pleito se habría intentado sin éxito la negociación).

El siguiente párrafo del art. 19.5 LEC reformado añade una especificidad para el caso de que en el concreto proceso intervengan personas mayores:

> En los procedimientos en que intervengan personas mayores, definidas en el artículo 7 bis, se valorará específicamente esta circunstancia para promover la solución de los mismos a través de medios adecuados de solución de controversias, con especial consideración a la salvaguarda del principio de igualdad entre las partes.

En ese marco, desgranamos a continuación los supuestos expresamente previstos por la LEC de derivación a MASC de un pleito pendiente.

2.2. En sede de audiencia previa de juicio ordinario

En primer lugar, *al inicio de la audiencia previa* del juicio ordinario se establece un trámite específicamente destinado a que el juez indague sobre la voluntad de las partes para solventar sus diferencias mediante un proceso de negociación, e incluso las exhorte a ello, sea que esa posible negociación se desarrolle en sala o suspendiendo el procedimiento (art. 415 LEC).

En efecto, comprobada por el juez al inicio de la audiencia la comparecencia en forma de las partes, el primer trámite de la misma es precisamente el intento de solución extrajudicial de la controversia, como expresa la misma rúbrica del art. 415 LEC, que en su texto dice así:

> 1. Comparecidas las partes, el tribunal declarará abierto el acto *y comprobará si subsiste el litigio entre ellas.*

Por más prolijamente que la LO 1/2025 haya regulado este trámite, la dinámica habitual del mismo abrumadoramente ha sido y entendemos que seguirá siendo que se concrete en que el juez dirija una rápida y rituaria pregunta a estas («¿Es posible llegar a un acuerdo?») a la que los letrados contestarán en similares términos («No, Señoría»), tras lo cual la audiencia continuará sin más para sus restantes trámites (art. 415.3 LEC).

Eso sí, si atendiendo a la intimación del juez las partes efectivamente abren un proceso de negociación (sea en sala, o sea suspendiendo la audiencia y el proceso) se aplicarán los siguientes compases del art. 415 LEC, a saber:

> Si manifestasen haber llegado a un acuerdo o se mostrasen dispuestas a concluirlo de inmediato, podrán desistir del proceso o solicitar del tribunal que homologue lo acordado.
>
> Las partes de común acuerdo podrán también solicitar la suspensión del proceso de conformidad con lo previsto en el artículo 19.4, para someterse a un medio adecuado de solución de controversias.
>
> En este caso, el tribunal examinará previamente la concurrencia de los requisitos de capacidad jurídica y poder de disposición de las partes o de sus representantes debidamente acreditados, que asistan al acto.
>
> 2. El acuerdo homologado judicialmente surtirá los efectos atribuidos por la ley a la transacción judicial y podrá llevarse a efecto por los trámites previstos para la ejecución de sentencias y convenios judicialmente aprobados. Dicho acuerdo podrá impugnarse por las causas y en la forma que se prevén para la transacción judicial.

En caso de no hacer uso las partes de las posibilidades de acuerdo que abre el art. 415 LEC, la audiencia continúa para sus restantes finalidades (tratamiento de las excepciones procesales, arts. 416 a 425 LEC; alegaciones complementarias, art. 426 LEC; posición de las partes ante los documentos acompañados de contrario, art. 427 LEC; fijación de los hechos controvertidos, art. 428 LEC).

Precisamente, también en sede de audiencia previa de juicio ordinario, *tras la fijación de los hechos controvertidos* se incluye una exhortación adicional del juez a las partes a intentar un acuerdo.

Según el art. 428.2 LEC

… [a] la vista del objeto de la controversia, el tribunal podrá exhortar a las partes o a sus representantes y a sus abogados para que lleguen a un acuerdo que ponga fin al litigio. En su caso, será de aplicación al acuerdo lo dispuesto en el artículo 415 de esta Ley.

Si las partes quizá habrán iniciado la audiencia previa manteniendo posturas radicalmente enfrentadas, puede ser que como resultado de la estimación de excepciones procesales (arts. 416 a 425 LEC), la realización de alegaciones complementarias o aclaratorias (art. 426 LEC) o la fijación de los hechos específicamente controvertidos (art. 428 LEC), se ponga de manifiesto que la controversia no era tan acerba ni las posiciones de las partes tan lejanas. Esta posibilidad, por tanto, se configura como el resultado de la depuración de la controversia que se ha realizado en los anteriores trámites de la audiencia previa.

Un tercer supuesto de posibilidad de derivación a MASC de la controversia en el seno de la audiencia previa de juicio ordinario, tiene lugar *tras la proposición y admisión de la prueba* (art. 429.2 LEC).

Si hemos de atender al tenor literal del artículo, esta invitación judicial se producirá tras la admisión de las pruebas pertinentes y útiles y el señalamiento de la fecha del juicio (primer inciso del art. 429.2 LEC), y se desarrollará en el tiempo que medie entre el fin de la audiencia y la fecha señalada para la vista (art. 429.2.III LEC). Es decir, fuera de la sede judicial.

En efecto, el primer inciso del art. 429.2 LEC dice lo siguiente:

2. Una vez admitidas las pruebas pertinentes y útiles, se procederá a señalar la fecha del juicio, que deberá celebrarse en el plazo de un mes desde la conclusión de la audiencia.
(…)
Si se hiciera uso de la facultad prevista en el artículo 19.5 y todas las partes manifestaran su conformidad con la derivación, se acordará mediante providencia que podrá dictarse oralmente.

Por su parte, en cuanto al tiempo a lo largo del cual se extenderá en este caso la actividad negociadora, dice a continuación el art. 429.2 LEC lo siguiente:

La actividad de negociación deberá desarrollarse durante el tiempo que media entre la finalización de la audiencia previa y la fecha señalada para el juicio. No obstante, si quince días antes de llegar dicho término todas las partes manifestaran la conveniencia de prorrogar dicho plazo por una sola vez y por un tiempo determinado que deberán especificar, el letrado o letrada de Administración de Justicia fijará nueva fecha para la celebración del juicio.

Por lo tanto, esta posibilidad consiste en teoría en que las partes, tras la audiencia previa en la que habrán quedado clarificadas, depuradas y quizá simplificadas las posiciones de las partes, pueden poner en marcha una *cuenta atrás* (de supuestamente no más de un mes, pues es ése el plazo máximo en que el art. 429.2 LEC dice que deberá señalarse la vista) para iniciar y culminar un proceso negociador. Cuenta atrás que podrá supuestamente prorrogarse una sola vez en los términos indicados por el precepto, con nuevo señalamiento del juicio.

Creo que todo este régimen está totalmente divorciado de la realidad, como por otra parte es tan frecuente en tantas disposiciones de un legislador que, por una parte, con frecuencia funge de demiurgo sin ser conocedor de la realidad de los Tribunales de Justicia; y que, por otra, parece ignorar los rudimentos de las instituciones procesales más básicas sobre las que legisla.

En efecto, en lo que hace a lo primero, es una ingenuidad del legislador (más bien, una ignorancia culpable) seguir estableciendo que la vista se celebrará como mucho en el plazo de un mes tras la audiencia previa, cuando el estado de la inmensa mayoría de los Tribunales hace que la distancia temporal entre uno y otro trámite generalmente no sea de menos de seis meses en el mejor de los casos, y que con frecuencia se vaya a más de un año.[3] La cuenta atrás que hemos referido, por lo tanto, de ponerse en marcha se extendería a lo largo de un período mucho más extenso que ese teórico mes del art. 429.2 LEC.

Pero, en segundo lugar, el establecimiento de una única posibilidad de prórroga y por tiempo determinado no casa con la genérica y superior potestad de las partes para disponer de sus pretensiones, transar y suspender los procesos civiles, que establece, en sede de reglas generales, el art. 19 LEC ya citado. Las partes podrán haber abierto un proceso negociador entre el fin de la audiencia previa y la fecha señalada inicialmente para la vista (ese mes que en la realidad de los Tribunales y no en el Olimpo teórico de la LEC y de la LO 1/2025 será mucho, mucho más), y si el proceso negociador se alarga podrán querer darse más tiempo. Por mucho que el art. 429.2.III LEC limite las posibilidades de prórroga a una sola y por tiempo determinado, nada obsta (o mejor, nada puede válidamente impedir) a que las partes, tras esa prórroga, vuelvan a solicitar la suspensión del procedimiento.

Si, aun así y obviando todo lo anterior, las partes alcanzasen un acuerdo en este marco, el art. 429.2 acaba diciendo, en sus párrafos IV y V lo siguiente:

---

[3] La referencia a ese escueto mes puede decirse que ni siquiera alcanza a ser una norma propiamente jurídica, en la medida en que de hecho no se aplica y, más allá de eso, que no existen consecuencias jurídicas para esa inaplicación.

En el caso de haberse alcanzado un acuerdo entre las partes, estas deberán comunicarlo al tribunal para que decrete el archivo del procedimiento, sin perjuicio de solicitar previamente su homologación judicial.

Si el procedimiento seguido para alcanzar el acuerdo fuere una conciliación ante notario o registrador, se acreditará mediante la escritura o certificación registral, sin que sea precisa la homologación judicial.

2.3. En sede de juicio verbal

Otro supuesto de derivación a MASC de un pleito abierto, en esta ocasión en sede de citación para la vista del juicio verbal, se contiene en el art. 440 LEC reformado por la LO 1/2025, que establece en sus dos primeros párrafos lo siguiente:

Contestada la demanda y, en su caso, la reconvención o el crédito compensable, o transcurridos los plazos correspondientes, el letrado o letrada de la Administración de Justicia, cuando haya de celebrarse vista de acuerdo con lo expresado en el artículo 438, citará a las partes a tal fin dentro de los cinco días siguientes. La vista habrá de tener lugar dentro del plazo máximo de un mes.[4]

En la citación se fijará el día y hora en el que haya de celebrarse la vista, *y se informará a las partes de la posibilidad de recurrir a una negociación para intentar solucionar el conflicto, incluido el recurso a una mediación*, en cuyo caso aquéllas indicarán en la vista o antes de ella su decisión al respecto y las razones de la misma.

Esto es, que en la citación para la vista del juicio verbal, además de las demás menciones establecidas para ese trámite, se incluirá una mención que informará a las partes de la posibilidad de solventar negociadamente el pleito en curso (pero, ¿es que no lo sabían ya?).[5]

En realidad, a la vista de la radical reforma del juicio verbal que ha operado la LO 1/2025 con la adición de una compleja fase intermedia escrita entre la fase de alegaciones y la vista (apartados 8, 9 y 10 añadidos al art. 438 LEC), el art. 440 LEC (también reformado por la LO 1/2025) debería decir que esa citación se producirá, no tras la contestación a la demanda por el demandado (o tras la contestación a la reconvención o a las alegaciones de crédito compensable por el demandante, respec-

---

[4] «La vista habrá de tener lugar dentro del plazo máximo de un mes», dice el art. 440 LEC y esto no es así en la práctica diaria. Las vistas se celebran cuando lo permite la agenda de señalamientos del órgano judicial. Lo cual significa generalmente no un mes sino muchos más. No solo es que sea desesperante que el legislador se empeñe en incluir estas referencias temporales (que ni son plazos ni son propiamente normas jurídicas, porque no hay consecuencia alguna aparejada a su incumplimiento), sino que además en ocasiones distorsionan el sentido de los trámites a los que se refieren.

[5] Supuestamente esa mención deberá ser motivada (en aplicación del art. 19.5 LO 1/2025). Pero lo previsible es que acabe siendo una frase estándar incorporada a los modelos de citación a vista de juicio verbal disponibles en los sistemas informáticos de gestión procesal, como sucede actualmente en los decretos de señalamiento de audiencia previa: «se informa a las partes de la posibilidad de derivar la controversia a MASC», etcétera.

tivamente arts. 438.2.II *in fine* y 438.3 LEC), sino tras haberse producido el tráfago de resoluciones y escritos en que se articula la referida fase intermedia. Recuérdese en efecto que, con arreglo a los citados nuevos apartados del art. 438 LEC, tras la contestación como mínimo el LAJ dictará diligencia de ordenación dando plazo común a las partes para proponer prueba (art. 438.8.I LEC); las partes presentarán sus respectivos escritos al efecto (y la parte actora su escrito oponiéndose a las eventuales excepciones opuestas por el demandado en la contestación, art. 438.8.II LEC) y al amparo del art. 438.9 LEC las eventuales impugnaciones de copia defectuosa (art. 280 LEC), impertinencia o inutilidad de pruebas (art. 283 LEC), ilicitud de pruebas (art. 287 LEC) y alegaciones complementarias (art. 427 LEC); el tribunal resolverá por auto sobre las excepciones y admitirá las pruebas que considere procedentes (art. 438.10 LEC); las partes en su caso recurrirán la inadmisión de pruebas (art. 438.10. II LEC); y el tribunal se pronunciará sobre la celebración o no de vista (art. 438.10 LEC en sus apartados I y III).

Por lo tanto, solo tras haberse hecho todo esto (y no tras la contestación, como inexplicablemente dice el art. 440 LEC, aun habiendo sido reformado por la misma ley que ha introducido la fase intermedia escrita en el juicio verbal), citará en su caso el LAJ a las partes a la vista e incluirá en la citación la condescendiente información a las partes de la posibilidad de transar el litigio.

También en sede de juicio verbal, se expresa la posibilidad de invitación judicial a la derivación a MASC *al inicio de la vista* (art. 443 apartados 1 a 3 LEC).

Si en los hitos que venimos exponiendo la LO 1/2025 es en buena parte prolijamente redundante, pues no hace sino reiterar con un detalle minucioso (y no siempre acertado) consecuencias necesarias y pacíficamente entendidas por todos los operadores jurídicos de la capacidad de las partes para transar los conflictos civiles sobre derechos disponibles, en ningún sitio esa prolijidad y esas redundancias se manifiestan con más exceso que en el reformado artículo 443 LEC. Tan es así que cabe dudar de la necesidad de reproducir, primero, y de glosar y comentar, segundo, el texto de esos dos apartados, manifestación de un febril y descaminado *horror vacui* cuya utilidad es discutible, y eso utilizando un calificativo benevolente.

En cualquier caso, simplemente para propiciar un más fácil acceso del lector al texto legal al que nos referimos, procedemos a continuación, no sin reparos internos por las razones indicadas, a transcribir los apartados 1 y 2 del art. 443 LEC:

> 1. Comparecidas las partes, presencialmente o por videoconferencia en los casos que así se haya acordado, el tribunal declarará abierto el acto y comprobará si subsiste el litigio entre ellas. Si manifestasen haber llegado a un acuerdo o se mostrasen dispuestas a concluirlo de inmediato, podrán desistir del proceso o solicitar del tribunal que homologue lo acordado. El acuerdo homologado judicialmente surtirá los efectos atribuidos por la ley a la transacción judicial y podrá llevarse a efecto por los trámites previstos para la ejecución de sentencias y convenios judicialmente aprobados. Dicho acuerdo podrá impugnarse por las causas y en la forma que se prevén para la transacción judicial. Las partes

de común acuerdo podrán también solicitar la suspensión del proceso de conformidad con lo previsto en el apartado 4 del artículo 19, para someterse a mediación u otro medio adecuado de solución de controversias. En este caso, el tribunal examinará previamente la concurrencia de los requisitos de capacidad jurídica y poder de disposición de las partes o de sus representantes debidamente acreditados, que asistan al acto. Cuando se hubiera suspendido el proceso para acudir a mediación u otro medio adecuado de solución de controversias, terminada la actividad de negociación sin acuerdo, cualquiera de las partes podrá solicitar que se alce la suspensión y se señale fecha para la continuación de la vista. Por el contrario, en el caso de haberse alcanzado acuerdo entre las partes, estas deberán comunicarlo al tribunal para que decrete el archivo del procedimiento, sin perjuicio de solicitar previamente su homologación judicial.

2. En atención al objeto del proceso el tribunal, antes de la práctica de la prueba, podrá plantear a las partes la posibilidad de derivación del litigio a un medio adecuado de solución de controversias, siempre que considere y fundadamente que es posible un acuerdo entre las partes de conformidad con lo dispuesto en el apartado 5 del artículo 19. Si todas las partes manifestaran su conformidad con la derivación, se acordará previa suspensión del procedimiento mediante providencia que podrá dictarse oralmente.

La actividad de negociación deberá desarrollarse en el plazo máximo que fije el tribunal atendiendo a la complejidad del procedimiento y demás circunstancias concurrentes. No obstante, si quince días antes de cumplirse el plazo fijado judicialmente todas las partes manifestaran la conveniencia de prorrogar dicho plazo por una sola vez y por un tiempo determinado que deberán especificar de común acuerdo, el tribunal podrá acceder a ello si observa avances en la negociación que permiten prever una solución extrajudicial de la controversia en el nuevo plazo solicitado.[6] Las partes deberán comunicar al tribunal si han alcanzado o no un acuerdo dentro del plazo fijado. Si han llegado a un acuerdo total el tribunal decretará el archivo del procedimiento, sin perjuicio de que las partes deban solicitar previamente su homologación judicial. En caso de desacuerdo o en caso de acuerdo parcial, y sin perjuicio de la homologación judicial del mismo, se acordará el levantamiento de la suspensión y la continuación de la vista para la práctica de las pruebas en el día que se señale al efecto. La asignación de fecha para la continuación de la vista se hará con carácter preferente.

3. Si las partes no hubiesen llegado a un acuerdo o no se mostrasen dispuestas a concluirlo de inmediato, el tribunal dará la palabra a las partes para realizar aclaraciones y fijar los hechos sobre los que exista contradicción.

Poco cabe glosar a este rosario de obviedades y redundancias. Los preceptos citados simplemente exponen que, tras abrirse la vista y comprobar el tribunal si las partes han comparecido en forma, explorará la posibilidad de que las partes solventen extrajudi-

---

[6]   El tribunal ¿podrá acceder a ello? ¿Por una sola vez y por tiempo determinado? ¿Si observa avances en la negociación, que se ha desarrollado fuera de la sede judicial y que por tanto difícilmente podrá valorar? Esta norma me parece un absurdo jurídico, tanto más cuanto que entra en conflicto con la superior autonomía de las partes de los arts. 4 LO 1/2025 y del art. 19 LEC, que permite a estas prorrogar las negociaciones a su conveniencia sin que el tribunal pueda supervisar o gestionar esa autonomía.

cialmente sus diferencias, sea en la misma vista o suspendiendo esta e iniciando un MASC. Nos remitimos por eso, en este punto, a los comentarios realizados a los trámites equivalentes en el seno del juicio ordinario que hemos hecho en los anteriores apartados.

2.4. En sede de recursos y medios de impugnación

La LEC incluye menciones a la posibilidad de derivación a MASC *en sede de recursos* (arts. 450 y 19.1.II LEC).

Es sorprendente que una ley tan propensa a la redundancia como la LO 1/2025 no se haya referido, nada más que puntualmente, a la capacidad de las partes para disponer de sus pretensiones y posiciones en un pleito en marcha cuando el proceso pasa a segunda o ulteriores instancias. El art. 448 LEC sobre derecho a recurrir ha quedado en efecto intacto, y sigue expresando que las partes podrán interponer contra las resoluciones de los Tribunales y LAJ que les afecten negativamente «los recursos previstos en la ley». El art. 19.3 LEC sí ha sido retocado, pero para limitar, como veremos, las facultades de disposición de las partes en casación.

Cierto es que, dictada sentencia definitiva en primera instancia, el beneficiado por la misma podrá tener menos disposición a negociar, confiado en que en apelación (o casación) se confirmará el criterio del tribunal de primer grado de jurisdicción. Pero aunque la LO 1/2025 no lo diga, eso no quita, por supuesto, la subsistencia de las facultades de disposición y transacción de las partes en fase de recurso, al amparo de las reglas generales del art. 19 LEC.[7]

En efecto, el art. 19.3 LEC establece que los actos de disposición, transacción intrajudicial o derivación a MASC

> … podrán realizarse, según su naturaleza, en cualquier momento de la primera instancia o de los recursos o de la ejecución de sentencia, sin perjuicio de la regla especial para el recurso de casación contenida en el segundo párrafo del apartado 1.

El art. 19.1.II LEC en efecto establece que

---

[7]   Debe precisarse que en sede de recursos y medios de impugnación, el objeto procesal de la resolución impugnada (si se trata de una sentencia, la pretensión deducida en la demanda originaria) es secundario o, como mínimo, segundo o posterior en el tiempo y en la lógica procesal al objeto específico del recurso (la pretensión de anulación o rescisión de la resolución contraria a Derecho). Esto es especialmente importante tenerlo en cuenta cuando se analiza el régimen de la disposición por las partes de sus pretensiones y posiciones en los recursos, que solo está parcialmente regulado en la LEC y que en lo omitido debe extraerse por deducción de las reglas generales. Porque en vía de recurso, de lo que las partes disponen es de sus pretensiones impugnatorias, no de las pretensiones deducidas en las resoluciones impugnadas ni de lo fallado respecto a estas. Evidentemente el recurrente lo que busca en último término es que le den la razón en la pretensión de base (o si se trata del demandado, en su posición contraria a la misma). Pero repárese en que, una vez recaída una resolución, ya no cabe allanamiento ni desistimiento respecto a lo inicialmente pretendido, y si la resolución se recurre las facultades de disposición ya no se referirán a la pretensión o posición inicial de los litigantes, sino a las pretensiones impugnatorias (o a la oposición a las mismas).

… [e]stos actos de disposición de los litigantes no podrán realizarse una vez señalado día para la deliberación, votación y fallo del recurso de casación.

Y redundantemente, el art. 450.1 LEC establece que

… [t]odo recurrente podrá desistir del recurso antes de que sobre él recaiga resolución, excepto del recurso de casación una vez señalado día para su deliberación, votación y fallo.[8]

Subsisten pues, como no podía ser de otro modo, las facultades de disposición de las partes sobre el objeto del recurso (e igualmente de transacción sobre las pretensiones y posiciones iniciales). Pero con la singular limitación en casación de que no cabrá ejercitarlas una vez señalado día para deliberación, votación y fallo de ese recurso extraordinario.[9]

---

[8] Esta limitación de las facultades de disposición y transacción de las partes en fase de recurso tiene una intrahistoria que merece la pena relatar. La última reforma de la casación en su mayor parte no ha hecho sino incorporar a la legislación procesal, bien lo que el Tribunal Supremo ya venía haciendo con mayor o menor legitimidad desde hacía años (los prolijos Acuerdos de Pleno No Jurisdiccional —más bien *quasireglamentos* procesales— en los que se desgrana y desarrolla el régimen de la casación, se adoptaron e impusieron estirando al máximo las potestades de autoorganización que la LOPJ otorga a los tribunales), bien lo que el Tribunal Supremo deseaba pero que de ninguna manera podía imponer por vía de Acuerdo de Pleno ni ningún otro subterfugio (perdón, cauce). La limitación temporal de la facultad de disposición de los recursos de casación tiene su origen en el enfado mayúsculo que para el Supremo tuvo que, sobre todo en el campo de los litigios sobre condiciones generales de la contratación, sucediera con relativa frecuencia que, recurrida la sentencia de apelación confirmatoria de la condenatoria de primera instancia por una entidad financiera, esta retirase la casación en el último instante (incluso celebrada la votación, decidido el sentido del fallo, redactada en borrador la sentencia, y pendiente esta solo de firma y notificación). Eran casos en los que los bancos temían que la sentencia le fuese desfavorable (con toda seguridad por haber recibido un *chivatazo* al respecto) y que en consecuencia se consolidase jurisprudencia contraria (porque en ese momento no hubiese sentencias del Supremo sobre el concreto punto debatido en el recurso, y en las Audiencias hubiese dispersión de criterios). Ya el Acuerdo de Pleno No Jurisdiccional de la Sala de lo Civil del Tribunal Supremo de 18 de diciembre de 2019 había interpretado (más bien, desfigurado) el art. 450.1 LEC en su redacción entonces vigente (esto es, sin la *coletilla*), diciendo que la expresión «recaiga resolución» debía entenderse referida, no a que la misma se hubiese notificado o ni siquiera redactado y firmado, sino a «que el recurso haya sido votado y fallado aunque todavía no se haya redactado la sentencia». Porque claro, razonaba el Supremo, no solo es que el recurso de casación tenga una función unificadora y de creación de jurisprudencia; es que además el desistimiento *in extremis* provoca «la utilización innecesaria de recursos públicos y de muchas horas de trabajo de los magistrados y demás personas que sirven en el Tribunal Supremo» (es más: el Acuerdo de 2019 no fue sino extender a la casación civil lo que ya antes la Sala Tercera había instaurado en la casación contencioso-administrativa por el Acuerdo de Pleno No Jurisdiccional de la indicada sala adoptado el 11 de febrero de 2015). Pero esa consideración tan elevada del valor del tiempo y del trabajo de los magistrados y demás funcionarios del Supremo ¿no debería también extenderse al trabajo de los Jueces y Magistrados en las Audiencias Provinciales y en los Juzgados de Primera Instancia? ¿O, aunque resulte escandaloso decirlo, también al de los letrados y las partes? Y ¿no suponen esos acuerdos una verdadera *expropiación* a los litigantes de derechos procesales que tienen —o tenían— claramente reconocidos por las leyes de enjuiciamiento?

[9] El segundo párrafo del art. 19.1 LEC es una adición de la LO 1/2025, reiterando lo que ya se incorporó a la regulación del recurso de casación en la reforma en profundidad del mismo que operó el Real

3. **LA EJECUTIVIDAD DE LAS TRANSACCIONES NO HOMOLOGADAS TRAS LA LO 1/2025**

Derivada a negociación la controversia *lite pendente* y alcanzado un acuerdo, en el régimen anterior a la LO 1/2025 las partes podían solicitar la homologación de lo acordado (obteniendo así el dictado de un auto cuya ejecución en caso necesario podrían solicitar por el cauce del art. 517.2.3.º LEC) o simplemente suscribir el acuerdo fuera de la sede judicial y solicitar del tribunal el archivo de las actuaciones sin más trámites (art. 22.1 LEC).

En este último caso, el acuerdo tenía naturaleza contractual y en caso de vulneración la parte cumplidora no tenía acceso a ningún cauce procesal privilegiado, sino que tenía que instar el correspondiente proceso declarativo por incumplimiento (art. 1124 CC).

Tras la entrada en vigor de la LO 1/2025, ¿podrán las transacciones suscritas *lite pendente* pero no homologadas ser título para instar directamente la ejecución?

A nuestro juicio la respuesta es un rotundo sí. Para ello bastaría simplemente la documentación y elevación del acuerdo a escritura pública, como en cualquier otro MASC concluido fuera de la sede judicial.[10] Porque en este caso la transacción alcanzada podría considerarse uno de esos otros medios innominados de los arts. 2 y concordantes de la LO 1/2025 («cualquier tipo de actividad negociadora»), o incluso podría haber sido el resultado de alguno de los MASC expresamente mencionados en la norma. Y para estos supuestos, incluso cuando no lo prevea la regulación especial o sectorial del MASC concreto, con carácter general rige indudablemente la posibilidad de formalizar el acuerdo con arreglo al art. 12 LO 1/2025 (incluso por iniciativa de una sola de las partes, art. 12.3.II LO 1/2025) en escritura pública (art. 13.1 LO 1/2025), de lo que dimana la ejecutividad directa (art. 13.2 LO 1/2025).

Decreto-ley 5/2023 (y luego, remendando descuidos del apresurado *decretolegislador*, el Real Decreto-ley 6/2023), concretamente en el art. 450.1 LEC. Dos preceptos, por tanto, que dicen exactamente lo mismo y para el mismo supuesto; una nueva manifestación de desesperantemente defectuosa técnica legislativa.

[10] Aunque, igual que en el caso de los acuerdos previos elevados a escritura pública, en el buen entendido de que el acuerdo contenga los presupuestos y se ajuste a los requisitos legalmente exigidos para el despacho de la ejecución (art. 552.1 LEC). De nuevo la intervención notarial será clave para que el acuerdo pueda materialmente adquirir ejecutividad.

Capítulo 4

CONCEPTO Y REGULACIÓN BÁSICA DE LOS MASC DE LA LO 1/2025

Aunque, como hemos dicho ya en varias ocasiones, la LO 1/2025 no contiene un elenco cerrado de MASC (sobre todo en la medida en que admite como tal cualquier actividad negociadora desarrollada de buena fe), sí que hay determinados MASC que tienen una regulación más o menos detallada, sea en la misma LO 1/2025 o en leyes especiales a las que esta se remite.

En este capítulo hacemos un análisis somero de esos MASC.

1. La mediación

La LO 1/2025 incluye a la mediación en el elenco de MASC mencionados a lo largo de su articulado (por ejemplo arts. 5.1.II y 7.2.a y sobre todo art. 14.2), pero se remite en cuanto a su regulación a la legislación especial al respecto: fundamentalmente la Ley 5/2012 de Mediación en Asuntos Civiles y Mercantiles,[1] desarrollada en determinados aspectos por el Real Decreto 980/2013, de 13 de diciembre.[2]

La LMed es la ley estatal que regula de forma general y común la mediación. Fue promulgada para transponer al ordenamiento español la Directiva 2008/52/CE de Mediación.[3] Pero más allá e incluso *antes* de ella ya existían diversas leyes autonómicas de mediación, casi siempre en el ámbito familiar, leyes que ni derogó la LMed ni ha derogado la LO 1/2025, sino que permanecen como vaticinio de la dispersión legisla-

---

[1]   Ley 5/2012, de 6 de julio, de Mediación en Asuntos Civiles y Mercantiles (en adelante, LMed).

[2]   Esa remisión no obsta que la LO 1/2025 también ha modificado diversos preceptos de la LMed para ajustar esta al nuevo estatus de la mediación como MASC y por tanto como requisito de procedibilidad. Analiza pormenorizadamente estos cambios María Saavedra Gutiérrez, «La mediación como medio adecuado de solución de controversias (MASC) en la Ley 1/2025: Cambios clave y su impacto en la resolución de conflictos», en *Revista General de Derecho Procesal*, n.° 67 (2025).

[3]   Directiva 2008/52/CE del Parlamento Europeo y del Consejo sobre ciertos aspectos de la mediación en asuntos civiles y mercantiles.

tiva e institucional a que previsiblemente dará lugar la cláusula abierta (o más bien, la habilitación expresa) del art. 5.1.II LO 1/2025. Sin ánimo de exhaustividad citaremos aquí la Ley catalana 1/2001, la Ley valenciana 7/2001, la Ley madrileña 1/2007 o la Ley andaluza 1/2009, pero la mayoría de las comunidades autónomas tienen leyes propias de mediación (acompañadas normalmente de la correspondiente galaxia de organismos autonómicos).[4] No me resulta particularmente claro de qué modo esta multiplicidad de regulaciones y organismos territoriales contribuye a la eficiencia, no solo a la procesal sino simplemente a la presupuestaria.

Tal y como está regulada y tal y como en cualquier caso resulta de su naturaleza jurídica, la mediación es, en cierto sentido, el *no-proceso*.[5] No solo porque —igual que el resto de MASC— se erige en mecanismo para intentar evitar la elevación a estado judicial de conflictos jurídicos (o para extraerlos del circuito judicial si ya están planteados), sino porque de toda la LMed, las normas propiamente procesales o con verdadera relevancia procesal son solamente las que establecen los requisitos de documentación de los acuerdos de mediación para ser ejecutables por los tribunales (arts. 23 y 25). Todo lo demás es tan abierto y sujeto a la capacidad de disposición de las partes que difícilmente se puede llamar *procesal*, al menos en el sentido de legalmente predeterminado.[6]

El art. 1 LMed (en su redacción resultante de la LO 1/2025) define la mediación como

---

[4] La web del CGPJ incluye una sección que recoge una relación actualizada de normas autonómicas de mediación, véase la URL https://www.poderjudicial.es/cgpj/es/Temas/Mediacion/Normativa-y-jurisprudencia/Leyes-Autonomicas/ (visitada el 15.11.2025).

[5] Así lo reconoce incluso una destacada defensora de los MASC como Silvia BARONA VILAR, *Mediación en asuntos civiles y mercantiles en España. Tras la aprobación de la Ley 5/2012 de 6 de julio*, Tirant lo Blanch, Valencia 2013, pág. 104: «En la mediación *no hay proceso* ni jurisdicción». Entre los alegatos más extensos y razonados en pro de los MASC de esta autora, véase Silvia BARONA VILAR, «¡Los MASC existen! Son medios de acceso a la justicia», en Silvia BARONA VILAR (ed.), *MASC. To be or not to be?*, Tirant lo Blanch, Valencia 2023.

[6] Esta condición es la que lleva a Helena SOLETO MUÑOZ a subrayar la dificultad de conceptualización de la mediación: «[E]s preciso señalar aquí que establecer límites claros y excluyentes en relación con el concepto de mediación no es conveniente, porque precisamente una de las características del procedimiento de mediación ha de ser la flexibilidad. Dicho esto, intentando establecer unos límites difusos, y desde un punto de vista jurídico podríamos decir que la mediación es un procedimiento a través del cual un tercero imparcial ayuda a las partes en conflicto a llegar a un acuerdo. La esencia de la mediación que refleja esta definición es la autonomía de la voluntad de las partes: son las partes las que llegan a un acuerdo, libremente, y auxiliadas por un tercero, que, consecuentemente, ha de ser imparcial». Helena SOLETO MUÑOZ, «La mediación: método de solución alternativa de conflictos en el proceso civil español», en *Revista Eletrônica de Direito Processual*, n.° 3 (2009), págs. 66-67. A mi parecer, y aun dentro de esa nebulosa, lo relevante para conceptualizar la mediación y distinguirla de otras figuras próximas es, por supuesto su carácter *autocompositivo* (el mediador no está supraordenado a las partes y por tanto no puede imponer su criterio, como sí puede el árbitro) y en concreto el hecho de que el mediador no puede ni siquiera proponer a las partes una fórmula concreta de arreglo (como sí puede y conceptualmente debe hacer el conciliador) sino solo establecer un marco adecuado para propiciar el diálogo.

… aquel medio adecuado de solución de controversias en que dos o más partes intentan voluntariamente, a través de un procedimiento estructurado, alcanzar por sí mismas un acuerdo con la intervención de un mediador.[7]

Tanto en la definición de la LMed como en su concepto generalmente aceptado, en la mediación los protagonistas son las partes (junto con sus asesores, en el caso de que cuenten con ellos, como es lo habitual) y el mediador solo interviene para proporcionar un marco equilibrado e igualitario en el que puedan desarrollarse las negociaciones, pero, y esto es fundamental, *sin proponer soluciones concretas a las partes*. De ahí que la mediación sea un mecanismo netamente autocompositivo de gestión de conflictos jurídicos.[8]

La mediación regulada en la LMed es, como dice el propio título de la norma, la referida a asuntos civiles y mercantiles, que por lo tanto versará sobre conflictos de Derecho Privado «que no afecten a derechos y obligaciones que no estén a disposición de las partes en virtud de la legislación aplicable» (art. 2.1 LMed). Esta acotación del objeto de la mediación tiene que cohonestarse, al menos en lo que hace a su función como mecanismo hábil para tener por cumplido el requisito de procedibilidad del art. 5.1 LO 1/2025, con la que en general para todos los MASC establece la LO 1/2025.[9]

Los *mediadores* son personas físicas (art. 11.1 LMed) especializadas (arts. 11.2 y 12 LMed), aseguradas (art. 11.3 LMed) y en determinados casos inscritas en registros al efecto (art. 11.4 LMed) para desempeñar esa función. Deberán ser independientes e imparciales, estando obligados a renunciar o abandonar la mediación si les constan circunstancias que menoscaben esa imparcialidad (arts. 13.4 y 13.5 LMed). Generalmente se encuadran o incluyen en listados de mediadores elaborados por las *instituciones de mediación*, que según el art. 5 LMed son «las entidades públicas o privadas, españolas o extranjeras, y las corporaciones de derecho público que tengan entre sus fines el impulso de la mediación, facilitando el acceso y administración de la misma, incluida la designación de mediadores».

---

[7]   La redacción original del precepto decía que la mediación es «aquel medio de solución de controversias, *cualquiera que sea su denominación*, en que dos o más partes intentan voluntariamente alcanzar por sí mismas un acuerdo con la intervención de un mediador». Aparte de la adición del adjetivo «adecuado», la definición reformada elimina la referencia abierta a «cualquiera que sea su denominación» intentando fijar en lo posible la taxonomía de MASC (en ese oscilar entre una relación cerrada de MASC y la inevitable referencia a «cualquier tipo de actividad negociadora» a que hemos hecho referencia antes), y añade la indicación de que la mediación se hará «a través de un procedimiento estructurado», condición que no quita la flexibilidad inherente al procedimiento de mediación que ya reconoce la misma EM de la LMed.

[8]   En contraste con esto, en la conciliación, sin perjuicio de su carácter también autocompositivo y del protagonismo de las partes que son las que en su caso llegan a un acuerdo que solvente sus diferencias, el conciliador conceptualmente tiene una cierta iniciativa en cuanto que no solo proporciona un marco y un procedimiento para que en su seno se desarrollen las negociaciones, sino que también procura activamente la composición del conflicto *proponiendo soluciones y fórmulas de compromiso* aceptables para ambas partes. Eso, que es así en teoría, es dudoso que lo sea no solo en la práctica sino incluso en la regulación positiva de la conciliación en España.

[9]   Sobre esto véase el apartado 1 del capítulo 2 de esta obra.

El estatuto básico del mediador se regula en los arts. 11 a 15 LMed.

Los principios informadores de la mediación, enumerados y desarrollados en el título II de la LMed, son los siguientes:

a) Consideración de MASC válido para el cumplimiento del *requisito de procedibilidad* del art. 5.1 LO 1/2025 en caso de no llegar las partes a un acuerdo (art. 6.1 LMed).

b) *Tratamiento igualitario y equilibrado* por el mediador de las posiciones de las partes (art. 7 LMed).

c) *Neutralidad* del mediador (art. 8 LMed), en cuanto que, según el indicado artículo, el mediador procurará que las actuaciones se desarrollen «de forma que permitan a las partes en conflicto alcanzar por sí mismas un acuerdo de mediación».

d) *Confidencialidad* del procedimiento de mediación y de la documentación y datos a que las partes, sus asesores, y el propio mediador y la institución de mediación, tengan acceso en el curso del mismo (art. 9 LMed, que redunda en lo que también expresa el art. 9 LO 1/2025).

e) Actuación de las partes conforme a los principios de *lealtad, buena fe y respeto mutuo* (art. 10.2 LMed).

Los costes de la mediación, concluya o no con acuerdo, «se dividirán por igual entre las partes, salvo pacto en contrario» (art. 15.1 LMed).

El *procedimiento de mediación*, en la medida en que pueda hablarse de tal, se articula conforme al título IV de la LMed de la siguiente forma:[10]

a) Comienza por *solicitud de inicio* (art. 16.1 LMed) dirigida a una institución de mediación o a un mediador concreto (art. 16.2 LMed).

b) Recibida la solicitud, el mediador dirige citación a las partes para una *sesión inicial* (art. 17.1 LMed). En caso de inasistencia injustificada de cualquiera de las partes a la sesión inicial «se entenderá que rehúsan la mediación solicitada y se tendrá por cumplido el requisito de procedibilidad» (art. 17.1 *in fine* LMed). Lo mismo sucederá si el mediador no puede localizar al requerido de mediación por desconocer tanto él como el requirente el domicilio en que pueda ser citado; en este supuesto emitirá una declaración responsable que el requirente acompañará a la ulterior demanda (art. 264.I.4.º LEC).

En esa sesión las partes manifestarán el objeto de la controversia, tanto para precisar el perímetro de la negociación que se pretende entablar, como a los

---

[10] De entre la abundante bibliografía al respecto, véase por todos Verónica LÓPEZ YAGÜES, «La mediación», en Sonia CALAZA LÓPEZ, e Ixusko ORDEÑANA GEZURAGA (coords.), *Guía práctica de los MASC*, Aranzadi 2025, págs. 419 a 494, o Helena SOLETO MUÑOZ, «El procedimiento de mediación», en ídem, *Mediación y resolución..., op. cit.,* págs. 234-253.

efectos de considerar cumplido el requisito de procedibilidad en caso de fracaso de la mediación (art. 17.1.III LMed en relación con el art. 5.1 LO 1/2025).

Por su parte el mediador expedirá y entregará a las partes un documento en el que conste su identidad y la de las partes, el objeto de la controversia y la fecha de la sesión, más la declaración solemne de que las partes han intervenido de buena fe en el proceso (o de que cualquiera de las partes no ha asistido a la citación) (art. 17.2 LMed).

c) A continuación se celebra una *sesión constitutiva* en la que las partes y el mediador consensuarán y reflejarán en un acta los siguientes aspectos: el programa de actuaciones y duración máxima del procedimiento sin perjuicio de ulterior modificación, la información del coste de la mediación, la declaración de aceptación voluntaria por las partes de la mediación, el lugar de celebración (que podrá ser telemática, art. 24 LMed y art. 8 LO 1/2025) y la lengua del procedimiento (art. 19 LMed).

d) Tras lo anterior comienza la *negociación* propiamente dicha, en un tiempo que deberá ser «lo más breve posible» y concentrarse en «el mínimo número de sesiones» (art. 20.1 LMed). Si se inicia la mediación a los efectos de cumplir el requisito de procedibilidad del art. 5.1 LO 1/2025, «la duración de la mediación no podrá exceder de tres meses desde la recepción de la solicitud por el mediador» (art. 20.2 LMed).[11]

El mediador «convocará a las partes para cada sesión con la antelación necesaria, dirigirá las sesiones y facilitará la exposición de sus posiciones y su comunicación de modo igual y equilibrado» (art. 21.1 LMed en relación con el art. 13 LMed), siempre buscando el mediador «lograr el acercamiento entre las partes» (art. 13.2 LMed) sin perjuicio de que serán las partes las que, en su caso, alcanzarán por sí mismas el acuerdo (art. 1 LMed).

e) La mediación «puede concluir en acuerdo o finalizar sin alcanzar dicho acuerdo, bien sea porque todas o alguna de las partes ejerzan su derecho a dar por terminadas las actuaciones, comunicándoselo al mediador, bien porque haya transcurrido el plazo máximo acordado por las partes para la duración del procedimiento, así como cuando el mediador aprecie de manera justificada que las posiciones de las partes son irreconciliables o concurra otra causa que determine su conclusión» (art. 22.1 LMed). Esas circunstancias se harán constar en el *acta final*, firmada por todas las partes y por el mediador, que «determinará la conclusión del procedimiento y, en su caso, reflejará los acuerdos alcanzados de forma clara y comprensible, o su finalización por cualquier causa» (art. 22.3 LMed). Parece más que conveniente que el mediador haga constar en el acta

---

[11] Salvo acuerdo de ambas partes para extenderlo (arts. 4 LO 1/2025 y 19 LEC).

final que las partes se han desenvuelto en la negociación de buena fe (curiosamente, exige la ley esa mención en el documento que el mediador expide al inicio de la mediación, art. 17.2 LMed, pero no en el acta final), pues al final esa conducta es la determinante para entender cumplido el requisito de procedibilidad (o para evitar la aplicación de las normas especiales sobre costas y sobre multas y sanciones que ha incorporado la LO 1/2025).

En caso de finalizar la mediación por acuerdo, sea sobre todos los puntos sometidos a mediación o sobre una parte de ellos, conforme al art. 23 LMed en el *acuerdo de mediación* «deberá constar la identidad y el domicilio de las partes, el lugar y fecha en que se suscribe, las obligaciones que cada parte asume y que se ha seguido un procedimiento de mediación ajustado a las previsiones de esta Ley, con indicación del mediador o mediadores que han intervenido y, en su caso, de la institución de mediación en la cual se ha desarrollado el procedimiento».

Para que el acuerdo de mediación tenga carácter ejecutivo con arreglo al art. 517.2.2.º LEC, deberá ser elevado a *escritura pública*, lo cual podrá hacerse a iniciativa de cualquiera de las partes «ante un notario acompañado de copia de las actas de la sesión constitutiva y final del procedimiento, sin que sea necesaria la presencia del mediador» (art. 25.1.II LMed en relación con los arts. 12 y 13 LO 1/2025). El notario «verificará el cumplimiento de los requisitos exigidos en esta Ley y que su contenido no es contrario a Derecho» (art. 25.2 LMed). La intervención notarial, por lo tanto, no deberá limitarse a la simple elevación a público de los acuerdos (supervisión formal), sino también a la redacción del contenido de la escritura de modo que queden claramente definidas cuáles son las prestaciones ejecutables en caso de incumplimiento (supervisión material).[12]

2. LA CONCILIACIÓN EN SUS DISTINTAS VARIANTES

La conciliación es el conjunto de actividades extraprocesales a través de las cuales quienes están inmersos en un conflicto jurídico procuran, en presencia de un tercero sin capacidad ni encargo de adjudicar la controversia, llegar a un acuerdo extrajudicial sobre el mismo, que evite el proceso aún no iniciado o que cierre el ya entablado.[13]

---

[12] La ejecutividad de un título judicial no depende únicamente de la forma externa que adopte el documento al que la ley procesal dé esa virtualidad (en este caso, que adopte la forma de escritura pública), *sino también del modo en que en el título se consignen las prestaciones a que tiene derecho el ejecutante*. De ahí la importancia que adquiere la función notarial de velar por el cumplimiento de la legalidad al ser requerido a elevar a escritura pública un acuerdo de MASC. Sobre esta cuestión capital véanse las reflexiones que hacemos en el apartado 2 del capítulo 7 de esta obra.

[13] El art. 13 LCGC regula un supuesto incorrectamente llamado de conciliación, el «dictamen de conciliación», que es más bien un supuesto de opinión de experto independiente. Lo tratamos en el apartado dedicado a este MASC.

A diferencia de lo que ocurre en la mediación, el conciliador conceptualmente tiene una cierta iniciativa en cuanto que no solo proporciona un marco estructurado para que ante él se desarrollen las negociaciones, sino que también procura activamente la composición del conflicto *proponiendo soluciones y fórmulas de compromiso*.[14] Por tanto, entre las funciones nucleares y definitorias del conciliador está también la presentación de una o más propuestas.

El tercero conciliador deberá tener «conocimientos técnicos o jurídicos relacionados con la materia de que se trate» (art. 15.1 LO 1/2025) y ser profesional colegiado y ejerciente (art. 15.2.a LO 1/2025).

Sin entrar aquí en las manifestaciones de la conciliación en el ámbito laboral e incluso en el penal,[15] en el ámbito civil la LO 1/2025 ha partido de la preexistencia de diversas variantes de conciliación reguladas en distintos textos legales y desarrolladas ante distintos tipos de conciliadores, las ha incluido como no podía ser de otro modo en el elenco de MASC hábiles para cumplir el requisito de procedibilidad (art. 5.1.II LO 1/2025), y ha otorgado fuerza ejecutiva no solo a la conciliación ante LAJ o juez (que culmina en un auto que ya de por sí era ejecutivo ex art. 517.2.3.º LEC antes de la LO 1/2025) sino también a la conciliación ante Notario (arts. 81 a 83 LNot) o Registrador (vía modificación a tal efecto del art. 103 bis de la Ley Hipotecaria)[16] e incluso la conciliación privada (recogida, esta sí con una cierta novedad, en el art. 15 de la LO 1/2025).

---

[14] En esta línea, María Petronela POPIUC, *Los medios adecuados...*, *op. cit.*, págs. 117 y 118 y bibliografía allí citada.

Esta diferencia conceptual (la teórica mayor incisividad de la intervención del conciliador con respecto al mediador) luego no es tan acusada, ni en el modo en el que la conciliación está regulada en sus muchas variantes, ni en el modo en que de hecho se desarrolla. El ejemplo claro es la conciliación laboral, que en la mayoría de los casos se desarrolla mediante una comparecencia rituaria en una oficina pública donde, incluso aunque comparezcan ambas partes, el conciliador se limita a preguntar a las partes si ven posible llegar a un acuerdo, y en caso de que la respuesta sea negativa se limita a consignar esa negativa en un acta sucinta.

[15] La conciliación *laboral* está regulada en los arts. 63 a 68 LJS, donde está contemplada como requisito de procedibilidad para poder ejercitar acciones. En el ámbito *penal* pueden mencionarse diversas iniciativas por incorporar la figura de la conciliación o de la mediación al proceso penal, entre las cuales no es la menos relevante el impulso que a la misma quiso dar la Decisión Marco del Consejo de la Unión Europea de 15 de marzo de 2001 (2001/220/JAI), o antes de eso la incorporación a nuestro proceso penal, donde supuestamente rige un principio estricto de legalidad penal y un interés público preeminente por la persecución de las conductas más dañinas para la comunidad política en su conjunto, de la posibilidad de que se dicten «sentencias de conformidad» (copia acrítica del *plea bargaining* estadounidense) (art. 787 LECrim en relación con los arts. 688 a 700 de la misma ley). Pero esa es una cuestión que va más allá del objeto de esta obra y por tanto no nos extenderemos sobre ella. Sobre estas formas de conciliación véase lo dicho en el apartado 2 del capítulo 1 de esta obra.

[16] Decreto de 8 de febrero de 1946 por el que se aprueba la nueva redacción oficial de la Ley Hipotecaria (en adelante, «LHip»).

La LO 1/2025, así, da cuenta o se refiere en sus artículos 14 y 15 a las siguientes variantes de conciliación:

a) La conciliación ante Notario, regulada en los arts. 81 a 83 de la Ley del Notariado,[17] estos añadidos por la LJV en 2015.

b) La conciliación ante el Registrador (sea de la Propiedad, Mercantil o cualquier otro), regulada en el art. 103 bis de la LHip, también injertado en dicha ley por la LJV en 2015.

c) La conciliación ante Letrado de la Administración de Justicia, regulada en los arts. 139 a 148 LJV.

d) La conciliación ante Juez de Paz (solo para asuntos de cuantía inferior a 10.000 € ex art. 47.2 LEC), también regulada en los arts. 139 a 148 LJV.

e) Y la llamada conciliación privada, esto es, la intentada ante «una persona con conocimientos técnicos o jurídicos relacionados con la materia de que se trate» (art. 15.1 LO 1/2025) y que reúna las condiciones del art. 15.2 LO 1/2025 (en resumen: ser profesional colegiado o ser mediador inscrito; ser imparcial y guardar los deberes de confidencialidad y secreto profesional).[18]

El art. 15.3 LO 1/2025 establece que el encargo profesional al conciliador podrá realizarse «por las dos partes de mutuo acuerdo o solo por una de ellas» (se trata de una regla redundante con la general contenida en el art. 11 LO 1/2025). Esta regla es aplicable únicamente a la conciliación preprocesal, pues en caso de proceso de conciliación iniciado *lite pendente*, la suspensión del proceso y su derivación a conciliación deberá necesariamente producirse con la aquiescencia de *ambas* partes (art. 19.5 LEC).

Recibido el encargo, el art. 16 LO 1/2025 desglosa una serie de «funciones de la persona conciliadora» de cuya lectura cabe deducir los pasos o elementos básicos del dizque procedimiento de conciliación, a saber:

a) Celebración de una *sesión inicial*, en la que el conciliador «informa[rá] a las partes de las posibles causas que puedan afectar a su imparcialidad, de su profesión, formación y experiencia, así como de las características de la conciliación,

---

[17] Ley del Notariado de 28 de mayo de 1862 (en adelante, «LNot»).

[18] ¿De cualquier colegio? Cabe entender que los profesionales colegiados del art. 15.2.a LO 1/2025 serán fundamentalmente profesionales del ámbito jurídico, pero del texto del artículo resulta que además pueden ser conciliadores los economistas colegiados y también los inscritos como ejercientes «en cualquier otro colegio que esté reconocido legalmente». No se entiende bien una habilitación tan amplia: ¿también podrán ser conciliadores los odontólogos, los farmacéuticos colegiados, o los peritos agrícolas, por poner tres ejemplos? Cierto es que el conflicto puede tener elementos que entren incluso de lleno en esos campos o en otros alejados de lo jurídico, pero al final es el dominio de la base legal y procesal subyacente al conflicto (que, de nuevo, es *jurídico*) lo que permite gestionar la conciliación en cuanto MASC susceptible de cumplir el requisito de procedibilidad (en caso de fracasar) o de erigirse en título ejecutivo (en caso de culminar en acuerdo). Me parece que esos profesionales colegiados en materias alejadas de lo jurídico tienen mejor acomodo en otros MASC, especialmente la opinión de experto independiente (art. 18 LO 1/2025).

su coste, la organización del procedimiento y las consecuencias jurídicas del acuerdo que se pudiera alcanzar» (art. 16.I.a LO 1/2025); sesión que el conciliador documentará levantando un *acta de inicio* de la conciliación «firmada por todas las partes, delimitando el objeto de la controversia, los honorarios y si las partes van a comparecer por sí mismas o asistidas de letrado, letrada o representante legal» (art. 16.I.c LO 1/2025).

b) Celebración bajo la presidencia del conciliador de las *reuniones* convenidas, que podrán ser presenciales o telemáticas (art. 16.I.d LO 1/2025). En esas reuniones el conciliador podrá —recordemos que este era un elemento distintivo de la conciliación respecto a la mediación— «*[f]ormular directamente a las partes posibles soluciones* e invitarlas a que formulen posibles propuestas de solución que construyan un eficaz acuerdo común» (art. 16.I.g LO 1/2025).

c) Elaborar un *acta final* que documente «la propuesta sobre la que existe acuerdo total o parcial» (art. 16.I.i LO 1/2025), o una *certificación* que acredite «que se ha intentado sin efecto la conciliación» (art. 16.I.j LO 1/2025) o que la parte requerida de conciliación ha rehusado participar en el proceso (art. 16.I.k LO 1/2025).

Fuera de estos pasos básicos, poco o nada añaden las leyes reguladoras de las distintas variantes de conciliación, salvo los preceptos que disciplinan la conciliación ante el LAJ en la LJV (o ante el Juez de Paz, porque el art. 14.6 LO 1/2025 también se remite a la LJV), que se pueden resumir del siguiente modo:[19]

a) Es competente objetiva y territorialmente para conocer de las solicitudes de conciliación el LAJ del Tribunal de Instancia o Mercantil (en función de cuál sea la acción en relación con la cual se pretende intentar la conciliación) del domicilio del requerido (o, si este fuese persona jurídica, también del domicilio del requirente si en dicho lugar tuviera el requerido delegación, sucursal, oficina abierta al público o representante autorizado (art. 140 LJV).

b) La solicitud de conciliación se presentará por *escrito* en el que se consignarán «los datos y circunstancias de identificación del solicitante y del requerido o requeridos de conciliación, el domicilio o los domicilios en que pueden ser citados, el objeto de la conciliación que se pretenda y la fecha, determinando con claridad y precisión cuál es el objeto de la avenencia» (art. 141.1 LJV), y al que se acompañarán los *documentos* que el solicitante considere oportunos (art. 141.2 LJV). No será preciso que la solicitud sea suscrita por abogado y procurador, pero tampoco se proscribe esa posibilidad (art. 141.3 LJV). No procederá, ni en este momento ni en ninguno posterior, la proposición y práctica de ningún otro tipo de pruebas (art. 145.1 LJV *sensu contrario*).

---

[19]   Sobre la conciliación ante LAJ, véase Alberto MARTÍNEZ DE SANTOS, «La conciliación ante el LAJ como requisito de procedibilidad en la LO 1/2025», en Diario La Ley, n.º 10677 (5.3.2025).

c) Recibida la solicitud, el LAJ la admitirá a trámite y citará a los interesados (al solicitante y al requerido) «el día y hora en que haya de tener lugar el acto de conciliación» (art. 142 LJV). No se menciona el lugar pero se entiende que el acto se celebrará en la sede judicial, aunque normalmente no será en sala sino quizá en el mismo despacho del LAJ. La presentación y ulterior admisión de la solicitud de conciliación tendrá efecto interruptivo de la prescripción, tanto adquisitiva como extintiva (art. 143 LJV y actualmente también art. 7.1 LO 1/2025), y suspensivo de la caducidad (art. 7 LO 1/2025). [20]

d) Citados los interesados, estos podrán *no comparecer.*
Según el art. 144.2 LJV, «[s]i no compareciere el *solicitante* ni alegare justa causa para no concurrir, se le tendrá por desistido y se archivará el expediente». [21]
Según el art. 144.3 LJV, «[s]i el *requerido* de conciliación no compareciere ni alegare justa causa para no concurrir, se pondrá fin al acto, teniéndose la conciliación por intentada a todos los efectos legales. Si, siendo varios los requeridos, concurriese solo alguno de ellos, se celebrará con él el acto y se tendrá por intentada la conciliación en cuanto a los restantes».
Esos «efectos legales» hay que entender que serán, en lo sustantivo, la reanudación del cómputo de la prescripción (art. 143.II LJV) o de la caducidad, pues el carácter facultativo de la conciliación hace que de la incomparecencia (o de la comparecencia y manifestación de desavenencia) no pueda derivarse ningún efecto perjudicial para el requerido; y en lo procesal el cumplimiento del requisito de procedibilidad (art. 5.1 LO 1/2025).

e) *Si comparecieran requirente y requerido* se celebrará el acto de conciliación. En esto la LJV establece un procedimiento muy flexible en el que el LAJ tiene encomendado un papel activo: el acto se inicia con las exposiciones del requirente y requerido de sus argumentos pudiendo aportar documentos que los apoyen, tras lo cual y de no haber avenencia, el LAJ «procurará avenirlos, permitiéndoles replicar y contrarreplicar, si quisieren y ello pudiere facilitar el acuerdo» (art. 145.1 LJV).
Lo actuado se documentará en soporte audiovisual y finalizará con el dictado de decreto en el que se hará constar si concluyó en avenencia o lo contrario (art. 145.4 LJV).

---

[20] Sobre esto véase el apartado 2 del capítulo 5 de esta obra.

[21] En este caso, además, «[e]l requerido podrá reclamar al solicitante la indemnización de los daños y perjuicios que su comparecencia le haya originado, si el solicitante no acreditare que su incomparecencia se debió a justa causa. De la reclamación se dará traslado por cinco días al solicitante, y resolverá el Secretario Judicial o el Juez de Paz, sin ulterior recurso, fijando, en su caso, la indemnización que corresponda» (art. 144.2 último inciso LJV).

f) De haber avenencia, además del decreto recién indicado se extenderá por el LAJ también acta donde se hará constar tal circunstancia y los términos de la misma, que deberá ser firmada por los comparecientes (art. 145.3 LJV). El testimonio del acta junto con el del decreto de finalización tendrá fuerza ejecutiva (art. 147.1 LJV en relación con el art. 517.2.9.º LEC). De no haberla, esa circunstancia se hará constar por el LAJ en el acta, que servirá de documento acreditativo del intento de MASC a los efectos de cumplimiento del requisito de procedibilidad.

3. LA OFERTA VINCULANTE CONFIDENCIAL (ART. 17 LO 1/2025)

El art. 17 LO 1/2025 no define qué es una oferta vinculante confidencial, sino que lo da por supuesto. Cierto es que el mismo nombre («oferta», «vinculante» y «confidencial») lo hace en cierto sentido innecesario. Sea como sea, lo que hace el artículo es precisar (en muchos casos, de forma redundante o superflua) en qué condiciones debe remitirse la oferta por una de las partes en el conflicto a la otra, y qué consecuencias tiene su aceptación o rechazo por el destinatario.

En cuanto MASC, la oferta vinculante confidencial es el intento, impulsado por una de las partes en una controversia jurídica civil, de solventar extrajudicialmente el conflicto, mediante la remisión fehaciente a su contraparte de una propuesta de arreglo que el remitente estará obligado a cumplir si el destinatario la acepta, o que dejará expedita para el ofertante la vía judicial si es rechazada o ignorada.

A diferencia del resto de MASC, donde la asistencia letrada es facultativa (aunque más que recomendable), para la formulación de oferta vinculante la LO 1/2025 establece como preceptiva la intervención de abogado, «excepto cuando la cuantía del asunto controvertido no supere los dos mil euros o bien cuando una ley sectorial no exija la intervención de letrado o letrada» (art. 6.2 LO 1/2025).

Aunque la ley no lo aclara, una interpretación sistemática permite defender que la asistencia de letrado es preceptiva tanto para la formulación de oferta vinculante *como para la aceptación de la misma*.

En lo relativo al *contenido* de la oferta, la LO 1/2025 no lo dice, pero del espíritu de la ley y de la naturaleza de cualquier proceso de negociación cabría entender que en la oferta el remitente no solo podrá sino que *deberá atemperar* sus pretensiones con respecto a las que teóricamente tendría derecho a propugnar judicialmente, en aras de hacer la propuesta atractiva a su contraparte y por tanto inducirle a aceptar el acuerdo. No tendría sentido, o mejor, no parece que pudiera considerarse un intento «de buena fe» de composición de la controversia (y en todos los MASC se supone que la buena fe es elemento esencial e irrenunciable, art. 2 LO 1/2025) una oferta vinculante en la que se mantuviese una postura maximalista. Si el contenido de la oferta vinculante se reduce a «te ofrezco que me pagues todo lo que digo que me debes y si lo haces no vamos a pleito», no se está ofreciendo nada y no hay buena fe, al menos no en sentido material.

Frente a esto, sin embargo, tanto determinada doctrina[22] como algunos de los acuerdos de Juntas de Jueces que se han pronunciado sobre este punto[23] y últimamente también autos de Audiencias Provinciales revocando en apelación previas inadmisiones,[24] entienden que la parte que remite la oferta vinculante no tiene por qué atemperar sus pretensiones en aras de propiciar el acuerdo. Según PÉREZ DAUDÍ «[l]a oferta vinculante confidencial no tiene como carácter la negociación» y «no puede obligar al acreedor a renunciar, total o parcialmente, al crédito ya que ello implicaría un coste injustificado y un límite al acceso a los tribunales, que integra el derecho a la tutela judicial efectiva, injustificado y desproporcionado».[25] No puedo dejar de apuntar que resulta contradictorio considerar como MASC un instrumento que no exigiría la negociación, cuando la definición legal de MASC válido para cumplir el requisito de procedibilidad incluye muy principalmente el elemento negociador. En cualquier caso, el origen de esta controversia está, una vez más, en la nefasta técnica legislativa de la LO 1/2025, que incluyó sin más la oferta vinculante confidencial en el elenco de mecanismos de intento de arreglo extrajudicial válidos para cumplir con el requisito de procedibilidad.

En el bestiario de criterios que han ido surgiendo para llenar las lagunas de la LO 1/2025, se ha defendido la idea de que la oferta vinculante podrá no ofrecer atemperación alguna de las pretensiones del oferente; pero que, para ser válida a los efectos del requisito de procedibilidad, «no p[odrá] limitarse a la mera formulación de una oferta, *debiendo quedar constancia significativa, clara y transparente, de la voluntad y actividad negociadora*».[26] Tan es así que existen autos de inadmisión a trámite de demandas a las que se acompañó como justificación de MASC intentado sin éxito una oferta vinculante (rechazada, evidentemente) en la que no se hizo una manifestación

---

[22] Por ejemplo, V. PÉREZ DAUDÍ y J. SÁNCHEZ GARCÍA, «La reclamación de un crédito dinerario: la oferta vinculante confidencial y la actividad negociadora», en *Diario La Ley*, n. 10764.

[23] Junta de Jueces de Primera Instancia de Barcelona de 8.4.2025.

[24] Auto 48/2025 de 18 de julio de la Sección 8.ª de la Audiencia Provincial de Alicante citado en Ignacio LÓPEZ CHOCARRO, «La aplicación de los MASC y el principio *pro actione* o la urgente necesidad de revisar algunos criterios orientadores fijados por las juntas de jueces sobre el requisito de procedibilidad impuesto por la LO 1/2025», en *Diario La Ley*, n.º 10.784, 11.9.2025. También Auto de la Audiencia Provincial de Navarra 352/2025 de 13 de octubre (ECLI:ES:APNA:2025:1435A).

[25] En la misma línea se expresa el auto 48/2025 de 18 de julio de la Sección 8.ª de la AP de Alicante, según el cual no se puede obligar al acreedor a renunciar ni siquiera parcialmente a lo que reclama al remitir una oferta vinculante so pretexto de que sin renuncia no hay negociación «pues ello implicaría imponer un sacrificio injustificado para poder acceder a los tribunales, con quiebra del derecho a la tutela judicial efectiva y en la práctica una expropiación de su posición jurídica sin indemnización alguna como requisito para el ejercicio del derecho de acceso a la tutela judicial».

[26] Junta de Jueces de Primera Instancia de Barcelona de 8.4.2025, que se expresa en términos muy similares a la de los Juzgados de Terrassa de 20.5.2025: «La formulación de una oferta vinculante, como si de una reclamación extrajudicial se tratara, donde no quede acreditada una auténtica voluntad de negociación entre las partes y con el único fin de interponer una demanda judicial transcurrido el plazo de un mes desde su notificación, resultaría contraria al espíritu y finalidad de la norma».

al respecto,[27] y autos revocando la inadmisión a trámite en primera instancia cuando la oferta vinculante no ofreció rebaja alguna pero sí manifestó genéricamente la disposición a negociar.[28] No parece lógico, en nuestra opinión, que los tribunales exijan a la oferta vinculante una simple manifestación de voluntad negociadora (que podría cumplirse con una simple coletilla a la oferta que nada ofrece: «por la presente oferta vinculante reclamo el pago inmediato de la totalidad de lo que se me adeuda, *pero quedo abierto a una posible negociación*») y pasen por alto que la más clara expresión de esa voluntad (y de la buena fe) es precisamente la atemperación de las pretensiones, sea en su importe o en sus plazos o en cualquier otro aspecto. De hecho, ha habido acuerdos de unificación de criterios que han rechazado expresamente esta exigencia, en ocasiones desdiciéndose de criterios adoptados apenas meses antes o posicionándose órganos de segunda instancia en contra de los acuerdos previos de los órganos jerárquicamente subordinados a ellos.[29]

Son cuestiones abiertas (y generadoras de una sobrecogedora inseguridad jurídica), sobre las cuales solo podrá llegarse a conclusiones fiables conforme se vayan decantando los criterios jurisprudenciales.

Aparte de eso, y en cuanto a requisitos temporales de la oferta, del art. 17.4 LO 1/2025 se deriva implícitamente que el oferente deberá dar al destinatario un plazo de al menos un mes para aceptarla. Nada obsta sin embargo a que el ofertante no establezca plazo determinado para la aceptación, pero en este caso con más motivo puede entenderse que el oferente podrá retirar su oferta en cualquier momento *anterior* a la eventual aceptación expresa.

Dado que, tanto en caso de acuerdo como de fracaso del intento de MASC, es esencial la cabal documentación del proceso negociador (de haber acuerdo, para gobernar su cumplimiento o permitir su ejecución; de no haberlo, para poder acreditar el intento fallido y cumplir el requisito de procedibilidad con ocasión del ulterior ejercicio de acciones judiciales), la oferta deberá remitirse a través de un medio que permita la constancia del contenido de la misma, de su recepción por el destinatario, y de su aceptación

---

[27] Autos de 20.5.2025 y 16.6.2025 del Juzgado de Primera Instancia 10 de Barcelona o auto 16.6.2025 del Juzgado de Primera Instancia 2 de Terrassa, todos ellos citados por PÉREZ DAUDÍ en el artículo antes citado.

[28] Auto de la Audiencia Provincial de Barcelona 138/2025 de 16 de octubre ECLI:ES:APB:2025:8281A.

[29] Es el caso de los Acuerdos de Unificación de Criterios de las Secciones Civiles de la Audiencia Provincial de Barcelona de 31.10.2025, que en su punto 6 expresamente adoptó un criterio contrario en este punto al de la Junta de Jueces de Primera Instancia de Barcelona antes citada de 8.4.2025. Según las Secciones Civiles de la Audiencia de Barcelona, «[l]a oferta vinculante confidencial … consiste en la emisión por quien habrá de ser demandante de una declaración irrevocable de voluntad con ánimo de dar solución a una controversia y es emitida a los efectos de que el demandado la acepte o la rechace expresa o tácitamente. Bastará que en la demanda se acompañe documentación justificativa de la remisión de la oferta a la otra parte y de su recepción por la parte requerida, sin que pueda hacerse mención a su contenido *ni sea exigible la manifestación de una voluntad negociadora expresa*».

o rechazo (en caso de ser expresos) (art. 17.2 LO 1/2025). Entre esos medios estarán el requerimiento notarial o el más económico burofax con acuse de recibo y certificación de contenido, que actualmente puede ser tanto por remisión de comunicación en papel como por correo electrónico o incluso SMS verificado.

La oferta vinculante tendrá carácter confidencial, como dice de forma redundante el art. 17.3 LO 1/2025. La redundancia está no solo en que la confidencialidad viene ya en la propia denominación del MASC («oferta vinculante *confidencial*»), sino en que es exigencia general de todos los mecanismos extrajudiciales de la LO 1/2025 con arreglo al art. 9 LO 1/2025, al que el mismo art. 17.3 LO 1/2025 se remite.

Remitida la oferta en esas condiciones, si el destinatario la *acepta* expresamente, tanto una como otra parte quedarán obligadas a cumplir los compromisos asumidos (art. 17.1 LO 1/2025), y de no hacerlo, previa elevación a escritura pública del acuerdo (art. 12.3 LO 1/2025), la parte cumplidora podrá instar la ejecución forzosa (art. 517.2.2.º LEC). La LO 1/2025 establece que esas obligaciones son irrevocables desde la aceptación expresa, pero no excluye la posibilidad de que la oferta, una vez remitida y antes de que sea aceptada, pueda ser retirada por el ofertante.

Si la oferta vinculante es *rechazada*, expresa o tácitamente (lo cual sucedería en caso de no ser aceptada «en el plazo de un mes o en cualquier otro plazo mayor establecido por la parte requirente»), la misma decae y queda expedita la vía judicial (art. 17.4 LO 1/2025). La documentación del rechazo tácito se hará mediante la aportación junto con la ulterior demanda (o contestación) del justificante del envío y de la recepción, sin mención del contenido (quizá cegando los párrafos relevantes de las comunicaciones acompañadas a la demanda) dada la obligación de confidencialidad (art. 17.4 en relación con el art. 9 LO 1/2025).[30]

4. LA OPINIÓN DE EXPERTO INDEPENDIENTE (ART. 18 LO 1/2025)

El art. 5.1.II LO 1/2025 menciona la opinión neutral de experto independiente como uno de los MASC válidos para cumplir con el requisito de procedibilidad, y la regula en el art. 18, según cuyo apartado 1,

> … [l]as partes, con objeto de resolver una controversia, podrán designar *de mutuo acuerdo* a una *persona experta independiente* para que emita una *opinión no vinculante* respecto a la materia objeto del conflicto.

De esta definición descriptiva y del resto de apartados del art. 18 LO 1/2025 resultan tanto los perfiles del experto y del informe, como los pasos a seguir por las partes

---

[30] Una vez más: ¿es de verdad necesario, salvo en el caso de que se dude de la mínima competencia intelectual y profesional básica de los abogados, precisar que el rechazo tácito se justifica documentalmente en la ulterior demanda (o contestación) mediante la aportación de los justificantes de envío y recepción de la oferta?

enfrentadas para designar a aquél y recabar este. De forma parecida a lo que sucede con los demás MASC, la LO 1/2025 lo que en buena parte hace es simplemente explicitar lo que resulta de la naturaleza del medio en cuestión (que es lo que es, lo diga el legislador o no), añadiendo algunas limitaciones o precisiones para que cumpla su función de servir como cauce para componer la controversia (o para tener por cumplido el requisito de procedibilidad en caso de fracasar).

En cuanto al *experto*, se trata de una suerte de perito al que la LO 1/2025 exige

a) Estar en posesión de los títulos oficiales que garanticen los conocimientos técnicos sobre la materia objeto de su informe» (art. 18.6 LO 1/2025); [31]

b) Actuar de forma neutral e independiente (art. 5.1.II y 18.1 LO 1/2025);

c) Y llevar a cabo el encargo de forma «diligente y [según] los estándares propios de la actuación profesional que haya sido encomendada» (art. 18.6 LO 1/2025). [32]

Resulta criticable, a mi parecer, que el art. 18.6 LO 1/2025 parezca exigir en todo caso que el experto esté en posesión de «títulos oficiales». En efecto, pueden existir cuestiones y materias no comprendidas en títulos legalmente reconocidos (o verdaderos expertos que han adquirido esa condición a través de la experiencia). ¿No será válido entonces recurrir a un experto no titulado, aunque así lo convengan libremente las partes, supuestamente autónomas para componer sus diferencias según proclama el art. 4 LO 1/2025? Creo que una interpretación sistemática y teleológica —y en cierto sentido correctora— de este precepto debe llevar a la conclusión de que sí será posible. En este punto parece más razonable la regulación de las condiciones de los peritos del art. 340.1 LEC, a los cuales se exige que sean «acreditados expertos» pero que «[s]i se tratare de materias que no estén comprendidas en títulos profesionales oficiales, habrán de ser nombrados entre personas entendidas en aquellas materias».

A diferencia de lo que ocurre con los peritos y los dictámenes periciales de los arts. 335 y ss. LEC, los expertos independientes y las opiniones que de ellos se recaben a efectos de MASC podrán ser de materia propiamente jurídica (así lo dice expresamente el art. 18.2 LO 1/2025).

---

[31] A pesar de exigírseles «títulos oficiales» que acrediten su competencia, a los expertos independientes no les exige la LO 1/2025 estar colegiados, como sí se lo exige a los conciliadores (art. 15.2 LO 1/2025).

[32] ¿Tiene que tener este tercero un estatuto particular? El *horror vacui* que exuda la LO 1/2025 por todos sus poros hace que así lo afirme alguna doctrina, por ejemplo Emiliano CARRETERO MORALES, «El estatuto de la tercera persona neutral», en Helena SOLETO MUÑOZ, *Mediación y resolución…, op. cit.,* Tecnos, Madrid 2025, págs. 70-94. En esto toma pie el autor de la Disposición Final 30.ª de la LO 1/2025, que establece que mientras no se apruebe tal estatuto, se aplicará al tercero neutral el del mediador previsto en la Ley 5/2012. Pero si es así y mientras llega ese anunciado estatuto, ¿se aplican al tercero neutral los requisitos de los artículos recién citados de la LO 1/2025, los de la Ley 5/2012, ambos, o una selección de estos y de aquellos?

En cuanto al *dictamen* o informe en el que el experto exponga su opinión especializada sobre la materia o cuestión que las partes le sometan,

a) Deberá elaborarse por el experto con arreglo a las reglas y técnicas propias del área de especialización de que se trate (art. 18.6 LO 1/2025);

b) Independientemente de la estructura que el experto quiera dar al informe según su criterio profesional, parece conveniente si no necesario (así se deriva implícitamente del art. 18.4 LO 1/2025) que incluya un apartado de conclusiones, pues es sobre ellas sobre las que las partes manifestarán su aceptación o rechazo;

c) En el informe el experto «deberá manifestar, bajo juramento o promesa de decir verdad, que ha actuado y, en su caso, actuará con la mayor objetividad posible, tomando en consideración tanto lo que pueda favorecer como lo que sea susceptible de causar perjuicio a cualquiera de las partes» (art. 18.6.II LO 1/2025). Esta manifestación, prácticamente idéntica a la que se exige a los peritos en sede de prueba, tiene especial sentido en este MASC en la medida en que el experto es designado por ambas partes de mutuo acuerdo;

d) Tendrá carácter confidencial (art. 18.2 LO 1/2025).

En cuanto al *procedimiento* para la designación de experto y la emisión de su informe, las líneas generales dibujadas por el art. 18 LO 1/2025 son las siguientes:

a) Independientemente de quien tenga la iniciativa de acudir a este MASC, la *elección* del experto deberá hacerse por las partes de mutuo acuerdo (art. 18.1 LO 1/2025).

b) Nada dice la LO 1/2025 sobre el régimen de *retribución del perito* (presupuesto de honorarios y gastos, provisión de fondos o pago a cuenta al inicio de los trabajos, pago del resto de honorarios al fin de los mismos), por lo que será recomendable que las partes convengan cuidadosamente estos puntos, entre sí y con el experto, en el proceso de su elección y contratación.

c) Contratado el perito y presto este a comenzar sus trabajos, «[l]as partes estarán obligadas a entregar[le] toda la *información y pruebas* de que dispongan sobre el objeto controvertido» (art. 18.1 LO 1/2025). Nada impide que esa entrega de información y pruebas se vaya haciendo de forma progresiva, conforme el experto avance en sus trabajos y vaya quizá manteniendo reuniones de seguimiento con las partes.

d) Sobre la base de lo anterior, el experto hará entrega de una *primera versión* de su dictamen, ante la cual «las partes dispondrán de un plazo de diez días hábiles desde su comunicación para hacer recomendaciones, observaciones o propuestas de mejora con el fin de aceptar la opinión escrita propuesta por el experto» (art. 18.3 LO 1/2025). Esto es tanto un plazo para las partes en aras del acuerdo, como una precisión de las obligaciones del experto, cuyo trabajo hay que entender que no acaba con la emisión del dictamen, sino que tendrá que estar abierto, o más bien, estará obligado a ajustar y modificar su dictamen (o justificar las razones para no hacerlo) con arreglo a lo que las partes le manifiesten en el indicado plazo.

e) El experto finalmente elaborará y entregará a las partes una *versión definitiva* de su informe, sobre cuyas conclusiones las partes manifestarán su conformidad o su rechazo a los efectos de dar por concluido el MASC según proceda.

En teoría son aplicables a este MASC las reglas temporales sobre duración máxima del proceso de intento de arreglo extrajudicial (tres meses computados de fecha a fecha, art. 10.4.c LO 1/2025). Pero tanto la capacidad de las partes para acordar que el mismo se prolongue durante más tiempo (art. 4 LO 1/2025) como la complejidad del trabajo que puede tener que realizar el experto, con frecuencia llevarán a las partes a extender consensuadamente el tiempo concedido para la elaboración del informe.

En caso de *aceptación* de las conclusiones del informe por todas las partes, deberá ser formalizado y en su caso elevado a escritura pública conforme a los arts. 12 y 13 LO 1/2025 (art. 18.4 LO 1/2025) para que pueda surtir sus efectos propios como MASC y en su caso opere como título ejecutivo.

En caso de *rechazo* de las conclusiones del informe, sea por una o por ambas partes, «el experto designado extenderá a cada una de las partes una certificación de que se ha intentado llegar a un acuerdo por esta vía» (art. 18.5 LO 1/2025), certificación que servirá para acreditar el cumplimiento del intento de arreglo extrajudicial en el ulterior pleito que pueda entablarse.

Tal y como adelantamos *supra*, el art. 13 de la Ley de Condiciones Generales de la Contratación[33] regula un supuesto incorrectamente llamado de conciliación (el «dictamen de conciliación»), que es más bien un supuesto especial de opinión de experto independiente, razón por la que lo tratamos aquí.

Este MASC (porque entiendo que eso es lo que es, si se trata de hacer caso al elenco abierto de la LO 1/2025), consiste en que las partes en una disputa relativa a condiciones generales de la contratación incorporadas a contratos de adhesión entre empresarios predisponentes y consumidores adherentes, solicitan al Registrador de Condiciones Generales de la Contratación que emita un dictamen sobre el conflicto que enfrenta a las partes.

Según el citado artículo «[p]reviamente a la interposición de las acciones colectivas de cesación, retractación o declarativa, podrán las partes someter la cuestión ante el Registrador de Condiciones Generales en el plazo de quince días hábiles sobre la adecuación a la Ley de las cláusulas controvertidas, pudiendo proponer una redacción alternativa a las mismas». Emitido por el Registrador el dictamen solicitado (que no es vinculante), de

---

[33]   Ley 7/1998 de 13 de abril sobre condiciones generales de la contratación (en adelante, «LCGC»).

querer las partes atenerse a la recomendación, tendrán que arbitrar los medios oportunos para que se lleve a cabo lo recomendado, sin que puedan esos acuerdos de por sí adquirir la ejecutividad del art. 147 LJV.

Piénsese que normalmente esas acciones colectivas son ejercitadas por asociaciones de consumidores (art. 16 LCGC) contra empresas que habitualmente incorporan condiciones generales predispuestas a los contratos de adhesión por los que ponen a disposición de la generalidad de la población sus productos y servicios. Por lo que solicitado ese «dictamen de conciliación», y aunque estén conformes la asociación y la empresa con lo que en él se recomienda, todo lo más podrán firmar ambos un acuerdo o protocolo (que fundamentalmente obligará a la empresa) que no será directamente ejecutivo sino que, en caso de ser vulnerado, obligará a la parte «cumplidora» (generalmente la asociación) a ejercitar la acción colectiva sin poder pretender la ejecutividad directa del acuerdo o protocolo suscrito con base en el dictamen.

5. LOS PROCESOS DE DERECHO COLABORATIVO (ART. 19 LO 1/2025)

Los llamados procesos de Derecho colaborativo están regulados (o más bien esbozados, porque por su naturaleza son especialmente refractarios a ser reglamentados en detalle), en el art. 19 LO 1/2025.

Según el primer apartado de ese artículo,

> … [l]as partes podrán acudir a un proceso de Derecho colaborativo, por el que, acompañadas y asesoradas cada una de ellas por una o un *profesional de la abogacía* ejerciente y con colegiación en un Colegio de la Abogacía, acreditado en Derecho colaborativo, y con la intervención, en su caso, de *terceras personas neutrales expertas* en las diferentes materias sobre las que verse la controversia o facilitadoras de la comunicación, *buscarán la solución consensuada*, total o parcial, a su controversia.

Los procesos de Derecho colaborativo, que se introdujeron *in extremis* en el trámite parlamentario de la LO 1/2025, son según GONZÁLEZ GARCÍA «un expediente con denominación equívoca, puesto que el nombre de *proceso* lo reservamos usualmente para la serie de actos regulados en la ley de los que se sirven los tribunales de justicia para ejercer la jurisdicción» mientras que los mecanismos del art. 19 LO 1/2025 son «una herramienta extraprocesal dirigida a que las partes puedan encontrar una solución al conflicto jurídico que las enfrenta mediante el acuerdo».[34] En realidad, como hemos dicho en varias ocasiones, ese mismo reproche se le puede hacer a todos los MASC, pues mal se puede llamar proceso, al menos en sentido técnico, a unos cauces apenas bosquejados en la ley y que quedan sujetos a lo que acuerden las partes en ejercicio de su autonomía salvo unas mínimas reglas básicas de obligado cumplimiento.

---

[34] Jesús María GONZÁLEZ GARCÍA, «A propósito de la nueva regulación…», *op. cit.*

Los procesos (si es que son tales) de Derecho colaborativo son en efecto un singular *mix*, si es que no simplemente una quimera, entre lo jurídico y lo psicológico, porque ubicados en buena parte más allá de lo jurídico o como mínimo de lo procesal, pueden definirse descriptivamente como un marco a través del cual se intenta propiciar la composición extrajudicial y consensuada de los litigios, a base de *técnicas de negociación y persuasión* que tienen más acomodo en la psicología y ciencias afines que en el Derecho. Y por eso, que participen junto a las partes sus abogados no es tanto una exigencia conceptual como un requisito de la LO 1/2025, establecido en el art. 19.1 e implícito en los arts. 19.2 y 19.3.[35]

Aparte de eso, el art. 19.2 LO 1/2025 se limita a enumerar una serie de «principios fundamentales» de estos procesos colaborativos:

> Los principios fundamentales del proceso colaborativo son: la buena fe, la negociación sobre intereses, la transparencia, la confidencialidad, el trabajo en equipo entre las partes, sus abogadas y abogados y las terceras personas expertas neutrales que pudieran, en su caso, participar, así como la renuncia a tribunales por parte de los y las profesionales de la abogacía que hayan intervenido en el proceso, caso de no conseguirse una solución, total o parcial, de la controversia.

Los procesos de Derecho colaborativo son MASC en cuanto que están orientados a la solución extrajudicial de conflictos jurídicos y en la medida en que la LO 1/2025 los considera intentos válidos a los efectos de cumplimiento del requisito de procedibilidad del art. 5.1. Así resulta, tanto de poder encuadrarse en ese cajón de sastre de «cualquier tipo de actividad negociadora» del art. 2 LO 1/2025, como de la mención expresa que hace de ellos el art. 5.1.II de la LO 1/2025.

Los procesos de Derecho colaborativo comparten muchas características con otros MASC, y especialmente con ese MASC innominado (e inevitable) que son las conversaciones extrajudiciales entre los abogados (a los que la LO 1/2025 denomina «negociación directa»), profesionales entre los que es habitual la realización de intentos más o menos incisivos de composición extraprocesal de los conflictos antes de acudir a tribunales, en los cuales defienden los intereses de sus respectivos clientes en un marco de razonable buena fe o como mínimo de deontología profesional.

Partiendo de ahí, las diferencias entre esos contactos entre abogados y los procesos de Derecho colaborativo son más de grado que de naturaleza. Si en los primeros los abogados han de actuar ajustándose a las exigencias de la deontología profesional (muy especialmente las contenidas en el Estatuto de la Abogacía),[36]

---

[35]   La obligatoriedad de concurrir a los procesos de Derecho Colaborativo con asistencia de abogado contradice, de hecho, el art. 6.2 LO 1/2025 que dice que «*[ú]nicamente* será preceptiva la asistencia letrada a las partes cuando se utilice como medio adecuado de solución de controversias la formulación de una oferta vinculante» de más de 2.000 €. Otro descuido del legislador.

[36]   Estatuto General de la Abogacía Española, aprobado por Real Decreto 135/2021, de 2 de marzo.

en los procesos de Derecho colaborativo la ley exige no solo eso sino «el *trabajo en equipo* entre las partes, sus abogadas y abogados» (art. 19.2 LO 1/2025) para, sin perjuicio del deber primario de cada abogado hacia su propio cliente, intentar «buscar una solución consensuada, total o parcial, a su controversia» (art. 19.1 LO 1/2025). Además de eso, si en una negociación al uso intervienen los abogados y si acaso algún perito en la materia, en los procesos de Derecho colaborativo se potencia la intervención de otros profesionales tales como mediadores, psicólogos, asesores fiscales o incluso *coaches*.[37]

Sea como sea, en cuanto MASC los procesos de Derecho colaborativo son mecanismos autocompositivos y por tanto, independientemente de los esfuerzos de los intervinientes, que concluyan en acuerdo queda a la voluntad de las partes enfrentadas.

De este modo, concluido el proceso sea con acuerdo o sin él, según el art. 19.3 LO 1/2025,

> … los profesionales de la abogacía que hayan intervenido en el mismo redactarán un acta final por el que se haga constar las partes, profesionales intervinientes, sesiones llevadas a cabo, *así como los acuerdos adoptados y las cuestiones sobre las que no haya sido posible alcanzar un acuerdo entre las partes.*

Esa acta permitirá acreditar el intento de negociación en caso de verse obligadas las partes posteriormente a elevar a estado judicial la controversia subsistente (art. 5.1 LO 1/2025); o bien, formalizada y elevada a escritura pública con arreglo a lo prescrito por los arts. 12 y 13 LO 1/2025, fungirá como título ejecutivo extrajudicial en caso de incumplimiento de lo convenido (art. 517.2.2.º LEC).

Es importante tener en cuenta que, en caso de concluir este MASC sin acuerdo, los abogados que hubieran asesorado a las partes no podrán luego desempeñar la defensa jurídica en el ulterior pleito que fuese necesario entablar (art. 19.2 *in fine* LO 1/2025).

---

[37]   El art. 19.1 LO 1/2025 se refiere en esto a la intervención «en su caso, de terceras personas neutrales expertas en las diferentes materias sobre las que verse la controversia *o facilitadoras de la comunicación*».Que suelan ser, aparte de técnicos, profesionales como psicólogos, *coaches* o similares lo afirma la sección dedicada al Derecho Colaborativo de la web del Ilustre Colegio de Abogados de Madrid (https://adrs.icam.es/inicio/mediaicam/abogacia-y-profesionales-de-adrs/derecho-colaborativo) (visitada el 20.3.2025), la web de la Asociación de Derecho Colaborativo de Asturias (https://derecho-colaborativoasturias.com/derecho-colaborativo) (visitada el 15.11.2025), o antes de eso, el *Program on Negotiation* de la Universidad Harvard (https://www.pon.harvard.edu/about) (visitado el 15.11.2025), del cual surgen y en cuyos hallazgos y propuestas se inspiran y nutren las distintas iniciativas de Derecho Colaborativo y negociación para la resolución de conflictos. La obra más conocida surgida del *Program on Negotiation* es el best-seller de William URY y Robert FISHER, *Getting to Yes. Negotiating an agreement without giving in* (1981).

6. LA ACTIVIDAD NEGOCIADORA DIRECTA ENTRE LAS PARTES Y/O SUS ABOGADOS

Más allá o más bien antes del deshilachado catálogo de MASC que menciona y regula o ampara la LO 1/2025, entre los mecanismos naturalmente hábiles para servir de cauce para la composición extrajudicial de los litigios se encuentra la actividad negociadora directa de las partes entre sí, asistidas o no por sus respectivos abogados.

La LO 1/2025 podría haber optado por imponer un catálogo limitado de MASC, dando la consideración de tales solamente a cauces con más tradición institucional, o procedimientos desarrollados ante funcionarios o autoridades. Entre los candidatos claros a esa consideración estarían mecanismos como la mediación o la conciliación en sus distintas variantes, a las que nos hemos referido antes. Esa opción habría supuesto, en nuestra opinión, limitar de forma absolutamente desproporcionada el derecho a la tutela judicial efectiva en su vertiente del acceso de los ciudadanos a la Justicia. Pero también es cierto que habrían aportado una no irrelevante formalidad a unas negociaciones a las que la ley ha otorgado, bien la condición de ser cauce válido para tener por cumplido el requisito de procedibilidad del art. 5.1 LO 1/2025, bien la potencialidad de —documentados y elevados a escritura pública— tener condición y fuerza de título ejecutivo.

El legislador de la LO 1/2025, sin embargo, a pesar de sus proclamas de estar operando una transformación radical de la Justicia, no se ha atrevido a eso (como tampoco se ha atrevido a establecer supuestos de derivación obligatoria del pleito en marcha a MASC), y al final se ha mantenido dentro del perímetro del principio dispositivo, todo lo más estableciendo cauces, requisitos y cortapisas que estabulan pero no eliminan completamente la autonomía de los particulares para componer sus diferencias basadas en Derecho Privado.

Teniendo eso en cuenta, cabe aventurar que la tan anunciada «revolución», «cambio de paradigma» o «cambio de cultura» quede en nada o en muy poco, al menos en lo que hace a los mecanismos a los que las partes recurrirán ordinariamente para salvar el requisito de procedibilidad en la mayoría de los pleitos civiles. Entre esos mecanismos que se puede prever que predominarán estarán, como no podía ser de otro modo, los contactos previos entre las partes, asistidas o no de sus abogados.

La consideración como MASC de esos contactos está amparada por su mención expresa en diversos lugares de la LO 1/2025: «cualquier actividad negociadora» (art. 2 LO 1/2025), «cualquier otro tipo de actividad negociadora» (art. 5.1.II LO 1/2025) y, sobre todo, la mención redundante y perifrástica de este último artículo cuando dice que

> … [s]ingularmente, se considerará cumplido el requisito cuando la actividad negociadora se desarrolle directamente por las partes, o entre sus abogados o abogadas bajo sus directrices y su conformidad.

La LO 1/2025 no ha llegado al extremo de pretender regular el modo en que se desarrollará este MASC, de modo que lo único que habrá que tener en consideración si se recurre a esta negociación en lugar de optar por otro mecanismo negociador, serán las disposiciones generalmente aplicables a todos los MASC, la observancia en esas negociaciones de las exigencias de la buena fe (que no solo resultan del art. 2 LO 1/2025 sino de la regla general del art. 6 CC y de las exigencias deontológicas del ejercicio de la abogacía) y las formalidades establecidas para la documentación del resultado final de las conversaciones (sea que acaben en acuerdo o que no) de modo que pueda acreditarse el cumplimiento del requisito de procedibilidad en el ulterior pleito (o que la escritura pública documentando el acuerdo tenga fuerza de título ejecutivo).

Para el caso de que el requerido de negociación directa haga caso omiso a la invitación recibida (y que por lo tanto no tengan efectivamente lugar reuniones ni conversaciones, ni presenciales ni telemáticas), el requisito de procedibilidad quedará cumplido con la remisión recepticia de dicha invitación (a través de un medio que permita constancia fehaciente tanto de la recepción como del contenido de la comunicación) y el transcurso del plazo de silencio del art. 10.4 LO 1/2025.[38] En caso de que el requirente desconozca el domicilio donde requerir a su contraparte (o que por cualquier motivo válido no consiga requerirlo personalmente), el requisito de procedibilidad se salvará acompañando a la demanda la declaración responsable del art. 264.I.4.º LEC.

7. La reclamación previa de cantidades indebidamente abonadas por cláusulas abusivas incorporadas a préstamos hipotecarios suscritos entre consumidores y profesionales (arts. 439.5 y 439 bis LEC)

Con base en la habilitación genérica de los arts. 2 y 5.1.II LO 1/2025, existen en lugares dispersos otros procedimientos de negociación extrajudicial (en ocasiones simples reclamaciones previas) a los que se les da validez como mecanismos válidos para cumplir el requisito de procedibilidad, y en ocasiones incluso se imponen como único MASC válido para determinados tipos de controversias.

Así, en primer lugar, la misma LO 1/2025 ha regulado y dado la consideración de MASC a la llamada «reclamación previa a la actividad de concesión de préstamos o créditos», insertando un art. 439 bis LEC en sede de juicio verbal que la regula, e incorporando un nuevo apartado 5 al art. 439 LEC en sede de «inadmisión de la demanda en casos especiales».

---

[38]   Así lo interpreta también, por ejemplo, el Acuerdo de Unificación de Criterios de las Secciones Civiles de la Audiencia Provincial de Barcelona de 31.10.2025: «5. Concretamente, el requisito de procedibilidad consistente en la negociación directa entre las partes, acompañadas o no de asistencia letrada, habrá de consistir en la remisión efectiva por el demandante de una solicitud o invitación a participar en la actividad negociadora, sin mayores exigencias, de forma que si esa invitación es rehusada expresa o tácitamente (silencio ante la invitación o incomparecencia a la cita propuesta), bastará a los efectos del requisito de procedibilidad con que el demandante acredite la invitación efectuada y su efectiva recepción por el destinatario».

Esta reclamación previa *sustituye* a la que estableció en su momento el RD-L 1/2017[39] (así resulta de la Disposición Derogatoria Única de la LO 1/2025), si bien es más amplia en cuanto que no solo es aplicable a «cláusulas suelo» (como lo era el RD-L 1/2017) sino también a otras cláusulas abusivas incorporadas por prestatarios profesionales a préstamos hipotecarios suscritos con consumidores, como pueden ser las cláusulas de distribución de gastos hipotecarios, las cláusulas imponiendo comisiones por reclamación de posiciones deudoras, o las cláusulas multidivisa. Es un nuevo intento de frenar la marea de litigación que en materia de cláusulas abusivas desencadenaron las STS 241/2013 y STJUE 14.3.2013 *Caso Aziz*, sobre todo en casos donde los consumidores ejerciten pretensiones reiterada y consistentemente resueltas por los tribunales en un determinado sentido (el caso paradigmático serían las demandas de nulidad por defectuosa incorporación de «cláusulas suelo»).[40]

Según el art. 439.5 LEC,

> … [n]o se admitirán las demandas que tengan por objeto las acciones de reclamación de devolución de las *cantidades indebidamente satisfechas* por el *consumidor* en aplicación de determinadas cláusulas suelo o de cualesquiera otras *cláusulas que se consideren abusivas* contenidas en contratos de *préstamo o crédito garantizados con hipoteca inmobiliaria* cuando no se acompañe a la demanda documento que justifique haber practicado el consumidor una reclamación previa extrajudicial a la persona física o jurídica que realice la actividad de concesión de préstamos o créditos de manera *profesional*, con el fin de que reconozca expresamente el carácter abusivo de dichas cláusulas, con la consiguiente devolución de las cantidades indebidamente satisfechas por el consumidor.

---

[39]   Real Decreto-Ley 1/2017 de 20 de enero de medidas urgentes de protección de consumidores en materia de cláusulas suelo. Esta norma se dictó apenas un mes después de que la STJUE de 21.12.2016, caso *Gutiérrez Naranjo*, revocase la jurisprudencia del Tribunal Supremo español posterior a la STS 241/2013 de 9 de mayo, según la cual los efectos restitutorios de la declaración de nulidad de «cláusulas suelo» debían producirse únicamente a partir del momento del dictado de la indicada sentencia (mayo de 2013) y no desde que empezaron a producirse los cargos injustificados (generalmente, desde el desplome del Euribor a partir de octubre de 2008). Es lo que simplificadamente se denominó doctrina de la «retroactividad parcial» de la declaración de nulidad de cláusulas suelo. La citada STJUE de 21.12.2016 consideró por el contrario que la protección de los consumidores con arreglo a la Directiva 93/13/CE exigía que la restitución de cantidades se extendiese a todos los cargos excesivos independientemente de su fecha: doctrina de la «retroactividad plena». El RD-L 1/2017 estableció un mecanismo extrajudicial de reclamación previa para intentar contener la avalancha de demandas que cabía esperar que se desatase (y que se desató) tras la STJUE de 21.12.2016.

[40]   En estos supuestos, para el legislador de la LO 1/2025 en el apartado IV de la Exposición de Motivos de la ley, la resistencia de la entidad financiera a aquietarse extrajudicialmente a la reclamación extrajudicial del consumidor obligaría a este «injustificadamente» a acudir a los tribunales (se entiende, claro está, que el reproche va dirigido no al consumidor sino a la entidad financiera numantinamente renuente a atender la petición del particular), lo cual constituiría un supuesto de «abuso del servicio público de Justicia» y una «utilización irresponsable del derecho fundamental de acceso a los tribunales». Sobre esto véase el análisis de las modificaciones que la LO 1/2025 ha introducido en el régimen de las costas procesales, que se analizan en el apartado 1 del capítulo 8 de esta obra.

Esta reclamación extrajudicial previa será por tanto el *único MASC válido* para cumplir con el requisito de procedibilidad en estos concretos asuntos, que el art. 439.5 LEC acota por la concurrencia de los siguientes elementos:

a) Reclamaciones de *devolución de cantidades* indebidamente satisfechas,
b) Como consecuencia de *cláusulas abusivas* (cláusulas suelo u otras),
c) Incorporadas a *contratos de préstamo o crédito con garantía hipotecaria,*
d) Suscritos por *consumidores,*
e) con *profesionales de la concesión de tales créditos* (sean personas físicas o jurídicas).

En una interpretación que, nuevamente, más que sistemática es correctora de la defectuosa redacción de la ley, entiendo sin asomo de duda que este MASC es aplicable no solo a la reclamación de *devolución de cantidades* sino también a la petición previa de nulidad por defectuosa incorporación de la cláusula abusiva con base en la cual se generaron los pagos indebidos.[41]

Es importante tener en cuenta, no obstante, que esta reclamación previa es *el único MASC válido* para las reclamaciones que hemos indicado, pero que *no es MASC válido* para otras reclamaciones de consumidores bancarios que también se tramitan por el juicio verbal con base en el art. 250.1.14.º LEC, tales como reclamaciones por cláusulas abusivas incorporadas a contratos de préstamo personal, tarjetas *revolving*, microcréditos y otras similares. Para estas últimas (y para otras, como veremos) debe entenderse que el MASC adecuado (pero en este caso, *no el único*) es el de la Disposición Adicional 7.ª LO 1/2025, del que luego nos ocuparemos.

La reclamación previa del 439 bis LEC se tramita del siguiente modo:

a) El consumidor dirige la reclamación de devolución de cantidades al prestamista (a través de un medio que permita constancia fehaciente tanto de la recepción como del contenido de la reclamación).
b) Recibida la reclamación, el prestamista deberá responder admitiendo o denegando la reclamación; en el primer caso «efectuará un cálculo de la cantidad a devolver de manera desglosada», pero de rechazar la nulidad o la devolución de cantidades «comunicará razonadamente los motivos en que funda su decisión, sin que pueda alegar otros diferentes en el proceso judicial que se siga».

---

[41] Así lo entiende también, por ejemplo, María José Rivas Velasco, «¿Son los MASC simplemente…», *op. cit.* Lo contrario sería simplemente absurdo, pues significaría que el consumidor tendría que ejercitar acción de declaración de nulidad de la cláusula abusiva (precedida, claro está, de su correspondiente MASC), acción además meramente declarativa y sin añadir la pretensión de reclamación de las cantidades que le resultarían debidas a consecuencia de la nulidad declarada (que nulidad y reclamación de cantidades sean dos acciones distintas es más que dudoso, pues la reintegración de cantidades es consecuencia *ope legis* de la declaración de nulidad de la cláusula abusiva). Y solo una vez obtenida la sentencia estimatoria de su demanda meramente declarativa de nulidad, iniciar el proceso de reclamación de cantidades, precedido del MASC especial del art. 439.5 y 439 bis LEC.

c) *En caso de admisión* el prestamista «acordará con el consumidor la devolución del efectivo [*sic*] y, en su caso, reconocerá la nulidad de las cláusulas»; de no abonar las cantidades en un mes, empezarán a devengar intereses al interés legal más ocho puntos y quedará expedita la vía judicial para el consumidor continuando el devengo de los indicados intereses.

d) *En caso de denegación* (o si transcurre un mes desde el requerimiento sin respuesta o sin acuerdo), quedará igualmente expedita la vía judicial para el consumidor, en este caso sin más devengo de intereses moratorios que los ordinarios de los arts. 1100, 1101 y 1108 CC y en su momento los judiciales del art. 576 LEC.

Según el art. 439 bis VI LEC, «[l]a posición mantenida por las partes durante esta negociación previa podrá ser valorada en el seno del proceso ulterior, caso de haberlo», a los efectos de la condena y tasación de costas. Es esta una cláusula abierta que deja traslucir el hartazgo del legislador (o más bien de los tribunales) respecto de la marea litigiosa que en materia de cláusulas abusivas se desencadenó en 2013 con motivo de la STS 241/2013 (en materia de *cláusulas suelo*) y de la STJUE 14.3.2013 *Caso Aziz* (en materia de oposición a la ejecución hipotecaria) y que se intensificó con ocasión de la STJUE 21.12.2016 (doctrina de la «retroactividad plena»). Tal y como está redactada deja una peligrosa ventana de arbitrariedad, tanto a los jueces a la hora de decidir si imponer o no las costas en estos pleitos, como a los LAJ a la hora de tasar esas costas.[42]

8. LA RECLAMACIÓN PREVIA EN MATERIA DE CONSUMO Y LAS RECLAMACIONES DIRIGIDAS A DETERMINADOS ORGANISMOS OFICIALES (DISPOSICIÓN ADICIONAL 7.ª LO 1/2025)

Para litigios en materia de consumo distintos de los de los arts. 439.5 y 439 bis LEC, la Disposición Adicional 7.ª de la LO 1/2025 regula un MASC específico, *pero no excluyente de los demás*, consistente en una reclamación extrajudicial previa que el consumidor dirige a la empresa o profesional antes de interponer la demanda.[43]

---

[42] Sobre esto véase el apartado 3 del capítulo 8 de esta obra.

[43] Este MASC es objeto de un detallado estudio en Adrián GÓMEZ LINACERO, «La reclamación extrajudicial en los procedimientos promovidos por consumidores tras la LO 1/2025, de 2 de enero: guía práctica», en *Diario La Ley*, n.º 10.803, 9.10.2025. Creo no obstante que ese trabajo no distingue adecuadamente entre la reclamación previa en materia de consumo de la DA 7.ª LO 1/2025 y la reclamación previa en materia de condiciones generales abusivas incorporadas a contratos de préstamo con garantía hipotecaria del art. 439.5 LEC, pues parece afirmar, sin matización alguna, que la reclamación de la DA 7.ª LO 1/2025 es aplicable también a los supuestos de la reclamación del art. 439.5 LEC, cuando eso no es en absoluto así. Recordemos, como hemos dicho en el anterior apartado, que en las reclamaciones del art. 439.5 LEC (reclamaciones de consumidores a entidades financieras por cláusulas abusivas incorporadas a contratos de préstamo con garantía hipotecaria) ese concreto MASC es *obligatorio* y *excluyente* de cualquier otro, mientras que en las reclamaciones de la DA 7.ª LO 1/2025 (cuestiones de consumo *no* referidas a condiciones generales incorporadas a contratos de préstamo con garantía hipotecaria) el consumidor puede

Conforme al párrafo I de la mencionada Disposición Adicional 7.ª LO 1/2025, en efecto,

> … [e]n los litigios en que se ejerciten acciones individuales promovidas por consumidores o usuarios, se entenderá cumplido el requisito de procedibilidad por la *reclamación extrajudicial previa a la empresa o profesional* con el que hubieran contratado, sin haber obtenido una respuesta en el plazo establecido por la legislación especial aplicable, o cuando la misma no sea satisfactoria, y *sin perjuicio de que puedan acudir a cualquiera de los medios adecuados de solución de controversias*, tanto los previstos en legislación especial en materia de consumo, como los generales previstos en la presente ley.

No precisa nada más la ley al respecto. En estos casos, por tanto, el consumidor podrá limitarse a remitir una reclamación previa al empresario o profesional que considera ha vulnerado sus derechos como consumidor en contratos de compraventa o prestación de servicios (a través de los canales habilitados por el empresario o profesional, si existen, o mediante cualquier mecanismo que permita la constancia fehaciente de la recepción y del contenido de la reclamación); y en caso de negativa, desacuerdo o silencio, podrá tener por cumplido el requisito de procedibilidad del art. 5.1 LO 1/2025, e interponer la correspondiente demanda a la que acompañará la documentación de la reclamación desatendida (arts. 399.4 y 264.I.4.º LEC).[44]

A diferencia de la reclamación previa de los arts. 439.5 y 439 bis LEC, la reclamación previa de la Disposición Adicional 7.ª LO 1/2025 no es MASC preceptivo. Es decir, en estos supuestos el consumidor puede intentar la negociación por esta vía *o por cualquier otro MASC*, a su elección.

El párrafo II de la Disposición Adicional 7.ª LO 1/2025 menciona también una singular posibilidad de tener por cumplido el requisito de procedibilidad en litigios de consumidores contra entidades financieras, que no consiste en una negociación ni una reclamación previa a la eventual demandada, sino en la resolución (hay que entender que positiva) de la reclamación dirigida contra la entidad e interpuesta ante determinados organismos públicos.

Conforme a la indicada norma, en efecto,

---

optar por esa reclamación previa o por cualquier otro de los MASC de la LO 1/2025. Frente a eso, GÓMEZ LINACERO llega a decir, sin acotación alguna que yo consiga localizar, que la reclamación de la DA 7.ª de la LO 1/2025 se aplica a «toda demanda formulada por un consumidor contra un empresario en ejercicio de cualquier tipo de acción individual, sin distinción», lo cual no sería correcto.

[44] Según el Acuerdo de Unificación de Criterios de las Secciones Civiles de la Audiencia Provincial de Barcelona de 31.10.2025, las demandas accionando de nulidad por usura de un préstamo o crédito no son demandas de consumo y por tanto no les sería aplicable la posibilidad de cumplir el requisito de procedibilidad por la vía de la reclamación previa de la Disposición Adicional 7.ª de la LO 1/2025. Apunto yo que, no siendo tampoco demandas de nulidad por defectuosa incorporación de condiciones generales de la contratación abusivas, igualmente no les sería aplicable la vía del art. 439.5 LEC. En estos casos, por lo tanto, el futuro demandante tendría que cumplir el requisito de procedibilidad a través de cualquiera de los demás MASC.

... [s]e entenderá también cumplido el requisito de procedibilidad con la *resolución de las reclamaciones* presentadas por los usuarios de los servicios financieros ante el *Banco de España*, la *Comisión Nacional del Mercado de Valores* y la *Dirección General de Seguros y Fondos de Pensiones* en los términos establecidos por el artículo 30 de la Ley 44/2002, de 22 de noviembre, de Medidas de Reforma del Sistema Financiero, o por haber acudido a alguno de los procedimientos a que se refiere la Ley 7/2017, de 2 de noviembre, por la que se incorpora al ordenamiento jurídico español la Directiva 2013/11/UE, del Parlamento Europeo y del Consejo, de 21 de mayo de 2013, relativa a la resolución alternativa de litigios en materia de consumo, o los que pudieran haber sido establecidos en normativa sectorial en desarrollo de la misma.

De la remisión del precepto recién transcrito al art. 30.1 de la Ley 44/2002[45] resulta que estas reclamaciones son solamente las dirigidas *contra entidades financieras*, en concreto y según ese artículo,

... quejas y reclamaciones que presenten los *usuarios de servicios financieros*, que estén relacionadas con sus intereses y derechos legalmente reconocidos, y que deriven de presuntos incumplimientos por las entidades reclamadas, de la *normativa de transparencia y protección de la clientela o de las buenas prácticas y usos financieros*.

Las entidades ante las que se podrán presentar reclamaciones contra entidades financieras que, aparte de su régimen propio, permitirán cumplir con el requisito de procedibilidad, son el Banco de España, la Comisión Nacional del Mercado de Valores y la Dirección General de Seguros y Fondos de Pensiones.

Que esta reclamación previa, que no es en sentido estricto un proceso negociador, sirva para tener por cumplido el requisito de procedibilidad del art. 5.1 LO 1/2025, puede entenderse en la medida en que, en el seno de estos expedientes de quejas y reclamaciones, la entidad financiera requerida tiene la oportunidad tanto de realizar alegaciones oponiéndose a la reclamación recibida, como incluso de formular una oferta a su requirente.

De tratarse de litigios de consumo contra entidades no financieras, y también sin perjuicio de que el consumidor podrá hacer uso de cualquiera de los MASC habilitados por la LO 1/2025, servirán para tener cumplido el requisito de procedibilidad las resoluciones que pongan fin a las reclamaciones contra las empresas y profesionales proveedores de bienes y servicios de consumo que se realicen a través de los mecanismos de resolución alternativa de litigios en materia de consumo a que se refiere la Ley 7/2017 de transposición de la Directiva comunitaria sobre resolución alternativa de litigios de consumo.[46]

---

[45] Ley 44/2002, de 22 de noviembre, de Medidas de Reforma del Sistema Financiero.

[46] Ley 7/2017, de 2 de noviembre, por la que se incorpora al ordenamiento jurídico español la Directiva 2013/11/UE, del Parlamento Europeo y del Consejo, de 21 de mayo de 2013, relativa a la resolución alternativa de litigios en materia de consumo.

9. OTROS MASC DISPERSOS EN NORMAS ESPECIALES O SECTORIALES

Sobre la base de la puerta abierta que deja la LO 1/2025 a que en el futuro se desarrollen nuevos MASC por leyes especiales o sectoriales, que podrán ser estatales o incluso autonómicas (art. 2 LO 1/2025), cabe esperar que en los próximos años se produzca una colorida floración, más que de nuevos MASC, de variantes de MASC (la mediación catalana, extremeña o murciana, como hemos dicho antes) y de organismos de diverso tipo, con distintos ámbitos objetivos y territoriales, para la recepción y seguimiento de intentos de negociación extrajudicial previos al ejercicio de acciones ante los tribunales.

Me parece, sin entrar aquí en mucho detalle, que eso no solo será contrario a cualquier avance en la supuestamente perseguida eficiencia procesal (además de que previsiblemente dará lugar a un despilfarro generalizado —y nada eficiente— de fondos públicos) sino que irá en contra, tanto del derecho de los ciudadanos a tener un acceso expedito y claro a la Justicia, como de la igualdad de todos ante la ley.

Sea como sea, antes incluso de que empiece esa floración ya existen mecanismos sectoriales de intento de composición extrajudicial de controversias, regulados y operativos antes de la LO 1/2025, *que ahora quedan elevados a MASC* y por tanto configurados como mecanismos válidos para tener por cumplido el requisito de procedibilidad en caso de falta de acuerdo (o para adquirir fuerza ejecutiva de lograrse la composición del conflicto).

Entre estos analizaremos brevemente a continuación la reclamación previa a aseguradoras en materia de responsabilidad civil por daños derivados de la conducción de vehículos de motor de los arts. 7 y 14 de la LRCSCVM,[47]y el procedimiento de resolución alternativa de litigios de usuarios de transporte aéreo regulado por la Orden TMA/201/2022.[48]

9.1. La reclamación previa a aseguradoras por responsabilidad civil derivada de la conducción de vehículos de motor (art. 7 LRCSCVM)

En cuanto a la reclamación previa a aseguradoras por responsabilidad civil derivada de la conducción de vehículos de motor, la LRCSCVM impone al perjudicado, so pena de inadmisión a trámite de la demanda (art. 7.8.II LRCSCVM), la obligación de comunicar el siniestro al asegurador pidiendo la indemnización que corresponda (pero sin necesidad de calcularla) antes de ejercitar acciones judiciales (art. 7.1 LRCSCVM). Recibida la reclamación, la aseguradora deberá remitir en un plazo máximo de tres meses

---

[47]   Real Decreto Legislativo 8/2004, de 29 de octubre, por el que se aprueba el texto refundido de la Ley sobre responsabilidad civil y seguro en la circulación de vehículos a motor (en adelante, «LRCSCVM»).

[48]   Orden TMA/201/2022 de 14 de marzo para derechos reconocidos en el ámbito de la UE en materia de compensación y asistencia en caso de denegación de embarque, cancelación o gran retraso conforme al Reglamento CE 261/2004 del Parlamento Europeo y del Consejo de 11.2.2004

«una oferta motivada de indemnización si entendiera acreditada la responsabilidad y cuantificado el daño», o una respuesta motivada de rechazo, en caso contrario (art. 7.2 LRCSCVM). En caso de disconformidad del perjudicado con la oferta motivada de indemnización, «las partes, de común acuerdo y a costa del asegurador, podrán pedir informes periciales complementarios» (art. 7.5 LRCSCVM) y sobre estos la aseguradora hará nueva oferta o respuesta motivada (art. 7.8 LRCSCVM). Si persiste la discrepancia, el asegurado podrá optar entre acudir a alguno de los MASC del art. 14 LRCSCVM *o bien acudir directamente a la vía judicial* (art. 7.8 LRCSCVM).

Se trata de un singular supuesto, más que de MASC, de *vía aseguratoria previa* que el perjudicado tiene que agotar como requisito de procedibilidad para poder ejercitar acciones contra la compañía de seguros. De hacerlo la LRCSCVM no le impide, pero sí le exime de la obligación de intentar un MASC (en el que «[p]odrán intervenir … profesionales especializados en responsabilidad civil en el ámbito de la circulación y en el sistema de valoración previsto en esta ley, que cuenten con la formación específica en este ámbito», art. 14.3 LRCSCVM). Esto es, en estos casos el perjudicado no está obligado a intentar un MASC antes de ejercitar acciones judiciales (y se trata por tanto de una excepción a la regla general de exigibilidad de MASC del art. 5.1 LO 1/2025), pero sí está obligado a dirigir una reclamación extrajudicial previa obligatoria a la que también se le da carácter de requisito de procedibilidad.

9.2. **El procedimiento de resolución alternativa de litigios de usuarios de transporte aéreo (Orden TMA/201/2022)**

En cuanto al procedimiento de resolución alternativa de litigios de usuarios de transporte aéreo de la Orden TMA/201/2022,[49] es de aplicación a las reclamaciones extrajudiciales interpuestas por los usuarios del transporte aéreo ante la Agencia Estatal de Seguridad Aérea en solicitud de «compensación y asistencia a los pasajeros aéreos en caso de denegación de embarque y de cancelación o gran retraso de los vuelos» con arreglo a los derechos establecidos en esa materia por el Reglamento (CE) 261/2004[50] y el Reglamento (CE) 1107/2006.[51]

El procedimiento se articula del siguiente modo:

---

[49] Este MASC lo analiza Marta GUERRERO, «Los mecanismos alternativos de resolución de controversias (MASC) y la compensación de los pasajeros aéreos», en *Diario La Ley*, n.º 10.755 de 2.7.2025.

[50] Reglamento (CE) n.º 261/2004 del Parlamento Europeo y del Consejo, de 11 de febrero de 2004, por el que se establecen normas comunes sobre compensación y asistencia a los pasajeros aéreos en caso de denegación de embarque y de cancelación o gran retraso de los vuelos, y se deroga el Reglamento (CEE) n.º 295/91.

[51] Reglamento (CE) n.º 1107/2006 del Parlamento Europeo y del Consejo, de 5 de julio de 2006, sobre los derechos de las personas con discapacidad o movilidad reducida en el transporte aéreo.

a) El pasajero deberá presentar «una *reclamación previa* ante el responsable del incumplimiento que origina la reclamación, según se trate de la compañía aérea o del gestor aeroportuario, aportando la documentación que considere pertinente para hacer valer sus derechos que incluirá, en los casos de menores de edad, la acreditación de la custodia del menor, salvo que la reclamación previa la efectúe quien contrató el transporte para aquél» (art. 6.1 Orden TMA/201/2022).

b) En caso de disconformidad con la respuesta de la aerolínea o el gestor, se abre para los pasajeros la posibilidad de iniciar el procedimiento propiamente dicho de resolución alternativa de litigios ante la Agencia Estatal de Seguridad Aérea (art. 6.3 Orden TMA/201/2022), cuyo resultado es para los pasajeros «de aceptación voluntaria y resultado no vinculante» y para las compañías aéreas «de aceptación obligatoria y resultado vinculante, sin perjuicio de su derecho a impugnar la decisión de la Agencia ante el juzgado competente» (art. 7 Orden TMA/201/2022).

Los pasajeros por tanto, si no están conformes con la decisión de la Agencia, podrán entonces y solo entonces ejercitar sus acciones civiles contra la compañía aérea (art. 18.2 Orden TMA/201/2022).

Si estando conformes los pasajeros la compañía aérea no cumpliese lo prescrito por la resolución de la Agencia, la certificación expedida por esta de su resolución será título ejecutivo (art. 18.1 Orden TMA/201/2022 en relación con el art. 517.2.9.º LEC).

Capítulo 5

EFECTOS DE LA APERTURA DEL PROCESO DE NEGOCIACIÓN PREVIO AL EJERCICIO DE ACCIONES JUDICIALES. RÉGIMEN ESPECIAL DE LA LITISPENDENCIA

En nuestro sistema procesal civil regido por la LEC del año 2000, la interposición de la demanda y por tanto el inicio de las actuaciones judiciales provoca, de forma automática, el desenvolvimiento de una serie de importantísimos efectos, tanto procesales como sustantivos, encuadrados bajo la rúbrica de la *litispendencia*.

En los procedimientos sujetos a previo intento de MASC, la LO 1/2025 incide en los efectos procesales de la litispendencia y modifica radicalmente los efectos sustantivos. Se trata de una cuestión de excepcional importancia, en la medida en que la cuña temporal adicional que para la resolución del conflicto supone el previo intento de MASC frustrado puede tener consecuencias de gravedad para la subsistencia de los derechos y acciones que se pretende ejercitar.

En el presente capítulo, hacemos primero un análisis del régimen general de la litispendencia, y seguidamente estudiamos en qué medida ese régimen resulta modificado en el caso de intento de negociación extrajudicial vía MASC.

1. Observaciones introductorias: el régimen general de la litispendencia

Los efectos *procesales* de la litispendencia están regulados en los arts. 410 a 413 LEC, y son los siguientes:

a) Imposibilidad de tramitación de otro proceso entre las mismas partes y con el mismo objeto;

b) Determinación del tribunal con jurisdicción y competencia para conocer del pleito (*perpetuatio iurisdictionis*);

c) Fijación de las pretensiones y posiciones de las partes.

Los efectos *sustantivos* de la litispendencia se contienen en distintos lugares del CC, y son los siguientes:

a) Los bienes de las partes que pueden verse afectados por el resultado del pleito pasan a tener la consideración de litigiosos (arts. 1291.4 y 1535 CC);

b) Se interrumpe la prescripción (y se suspende la caducidad), tanto adquisitiva como extintiva, y tanto de derechos como de acciones (arts. 1973 y concordantes CC);

c) El demandado se constituye en mora (arts. 1100, 1101 y 1108 CC).

Esos efectos, como precisa el art. 410 LEC, se producen automáticamente en el mismo momento de interponerse la demanda (por supuesto, «si después es admitida»), sin necesidad de que el órgano judicial la admita aún a trámite, o de que el demandado sea notificado de su existencia y emplazado a contestarla. La admisión a trámite llegará cuando llegue (y dado el estado de los tribunales, podrá llegar meses e incluso *años* después) y el demandado será emplazado cuando sea (porque tras la admisión a trámite es preciso hacerle material entrega de la cédula de emplazamiento junto con el decreto de admisión acompañado de la demanda y sus documentos, y eso a veces puede ser difícil o incluso imposible). Pero los efectos se habrán producido en su momento (de nuevo: en el momento en que el demandante interpuso la demanda, subiéndola su procurador al sistema LexNet) y por lo tanto, entre otras cosas, la prescripción habrá sido interrumpida (o la caducidad suspendida) y el demandado habrá estado constituido en mora desde ese momento (a veces muy) anterior.

La LO 1/2025, al imponer como requisito de procedibilidad para el ejercicio de determinadas acciones judiciales civiles el previo intento frustrado de MASC, ha injertado una fase preprocesal de resultado incierto y duración imprecisa entre el surgimiento del conflicto jurídico y la interposición de la demanda judicial. Lo cual no es en absoluto irrelevante a los efectos que estamos analizando. Porque en el tiempo que dure el MASC podrá suceder que decaigan los derechos o acciones que se pretende ejercitar por prescripción o caducidad; porque mientras el pleito no sea entablado el demandado podrá verse tentado a realizar movimientos patrimoniales que imposibiliten o dificulten la efectiva ejecución de la sentencia que pueda finalmente dictarse en su contra; porque en ese lapso el demandante puede verse afectado por el deterioro que puedan sufrir sus derechos (por ejemplo, la depreciación del crédito que entiende que ostenta contra el futuro demandado).

La LO 1/2025 no ha abordado de forma sistemática, sino fragmentaria e insuficiente esta cuestión. Es necesario, por eso, un ejercicio de interpretación sistemática para determinar de qué modo la iniciación de un intento de MASC preprocesal desarrollado como consecuencia de la imposición del requisito de procedibilidad del art. 5.1 LO 1/2025 incide en el régimen general de la litispendencia.

2. MATIZACIÓN O ADELANTO DE DETERMINADOS EFECTOS DE LA LITISPENDENCIA (ART. 7 LO 1/2025 EN RELACIÓN CON EL ART. 410 LEC)

La cuña temporal que supone la tramitación de un MASC —más corta o más larga y además incierta en cuanto a su resultado y su duración— obliga a plantearse cuáles de los efectos tradicionales de la litispendencia se adelantan al momento de inicio de las negociaciones.

Esa cuestión la regula con no especial acierto el art. 7 LO 1/2025.

La falta de acierto de ese precepto estriba a nuestro juicio, por un lado, en que no abarca de forma comprensiva en qué medida y cómo el inicio de un proceso negociador afecta al régimen ordinario de la litispendencia (es significativo que la LO 1/2025, tan proclive a modificar otras leyes, a veces solo para desdoblar un género gramatical, haya dejado inalterado el art. 410 LEC); por otro, en que deja cuestiones importantes sin tratar; y por fin, en que los efectos de MASC que sí regula los aborda de forma prolija y complicada.

Dada la relación estrechísima que estamos exponiendo entre inicio de MASC y litispendencia, para mayor claridad expositiva estudiaremos el régimen de efectos de dicho inicio al hilo de la relación antedicha de efectos de la litispendencia.

2.1. Inicio de MASC y efectos procesales de la litispendencia

La litispendencia, como antes dijimos, tiene entre sus efectos procesales la prohibición de tramitación de un proceso distinto entre las mismas partes y sobre el mismo objeto. Pues bien, el inicio de la tramitación de un MASC, aun no siendo propiamente un trámite procesal (en el sentido de jurisdiccional), sí da lugar, primero, a la prohibición de tramitación de un MASC distinto y simultáneo sobre la misma controversia (esta prohibición se puede deducir implícitamente del art. 5.4 LO 1/2025, que establece las reglas de elección de MASC para cuando no hay consenso al respecto); y, segundo, a la prohibición so pena de inadmisión a trámite de ejercitar acciones judiciales sobre el mismo objeto hasta tanto no haya concluido el MASC sin acuerdo (arts. 10 y por supuesto 5.1 LO 1/2025).

En cuanto al segundo de los efectos procesales de la litispendencia (la determinación del órgano judicial con jurisdicción y competencia para conocer del litigio), la tramitación de un MASC no predetermina el órgano judicial que conocerá del pleito posterior. La concreción del tribunal que conocerá la pretensión objeto del eventual pleito posterior se realizará, por tanto, con arreglo a las normas de jurisdicción y competencia contenidas en la LOPJ y LEC y *por referencia al momento en que se interponga la demanda judicial* (esto es, con arreglo a la regla temporal del art. 410 LEC), sin que en este punto el previo MASC adelante esta cuestión.[1]

No hay en esto, por tanto, afectación de las reglas generales de la litispendencia.

En cuanto al tercero de los efectos procesales de la litispendencia (la fijación del objeto del proceso), el inicio y la tramitación de un MASC no fija *pero sí condiciona* cuál pueda ser

---

[1] El art. 7.3.II LO 1/2025 sí establece que «[s]i se hubieran acordado medidas cautelares durante la tramitación del proceso negociador, las partes deberán presentar la demanda ante el mismo tribunal que conoció de aquellas», pero este es un supuesto de determinación adelantada de la jurisdicción y de la competencia ligado no tanto al MASC *como a la medida cautelar* que se haya solicitado y decretado mientras el MASC se desarrollaba. Es por tanto una regla que tiene especial acomodo en sede de medidas cautelares y de determinación del juez ordinario predeterminado por la ley.

el objeto del proceso ulterior. Porque a lo largo del desarrollo de un MASC irán definiéndose qué cuestión o cuestiones permanecen controvertidas y por tanto cuáles serán las acciones que podrán ejercitarse (y ser admitidas a trámite) en el pleito posterior. Solo las cuestiones que hayan permanecido sin acuerdo y que se encuentren dentro del perímetro de la negociación extrajudicial (el «objeto de la negociación», como sin especial rigor conceptual dice el art. 5.1 LO 1/2025) podrán ser planteadas en el ulterior pleito (podrán ser «objeto del litigio», también art. 5.1 LO 1/2025 y ahora sí empleando el término técnicamente correcto) en cuanto que solo respecto a ellas se habrá cumplido el requisito de procedibilidad.

2.2. Inicio de MASC y efectos sustantivos de la litispendencia. Especial atención a la interrupción de la prescripción y la suspensión de la caducidad

Como acabamos de ver, por tanto, el inicio de las negociaciones no altera ni adelanta, sino todo lo más matiza o condiciona, los efectos *procesales* de la litispendencia.

La situación es muy distinta en lo que hace a los efectos *sustantivos*.

En lo que hace al primero de ellos la LO 1/2025 comete el imperdonable error de no adelantar al momento de inicio del MASC el efecto de hacer litigiosos los bienes que pueden verse afectados por la sentencia del ulterior pleito.

Considérese que, desde que los bienes que pueden verse afectados por la sentencia de un pleito en marcha adquieren la consideración de litigiosos (desde la interposición de la demanda, art. 410 LEC), no podrán ser enajenados ni gravados libremente hasta tanto no recaiga sentencia firme en el pleito cuyo resultado pueda afectarles, en la medida en que según el art. 1.291.4 CC serán rescindibles (en caso de sentencia que ampare al demandante) «[l]os contratos que se refieran a cosas litigiosas, cuando hubiesen sido celebrados por el demandado sin conocimiento y aprobación de las partes litigantes o de la Autoridad judicial competente», y que serán susceptibles de retracto los créditos litigiosos en caso de transmitirse *lite pendente* (art. 1.535 CC). Estas dos disposiciones buscan impedir o al menos dificultar maniobras del demandado que hagan imposible la ejecución de una sentencia futura que le condene.

La LO 1/2025 no aborda esta cuestión y por tanto hace que mientras el MASC se abre, tramita y en su caso cierra sin acuerdo, el requerido de negociación tenga una cierta holgura para realizar movimientos patrimoniales orientados a dificultar la ejecutividad de una posible —y quizá esperada— sentencia condenatoria posterior. [2]

---

[2] En palabras de BANACLOCHE, «[e]xigir un MASC antes de demandar … no solo aumentará el coste del proceso y retrasará la interposición de la demanda, sino que neutralizará el efecto sorpresa que muchas demandas tienen *y favorecerá que el demandado realice operaciones y maniobras dirigidas a frustrar una futura ejecución de una sentencia condenatoria*». Julio BANACLOCHE PALAO, «Los procesos de familia…», *op. cit.* El autor se expresa en la misma línea en ídem, «La incidencia de los medios adecuados de solución de controversias (MASC) en el proceso civil», en Julio BANACLOCHE PALAO y Fernando GASCÓN INCHAUSTI, «La Justicia en España…», *op. cit.,* pág. 264.

Hemos dicho antes que en esta cuestión la LO 1/2025 ha cometido un error, no que haya incurrido en un olvido (¿o quizá son ambas cosas?). Porque la ley tiene en cuenta, solo que tangencialmente y de modo insuficiente, que las partes pueden considerar perentoria la adopción de medidas de aseguramiento de la efectividad de la eventual futura sentencia mientras el MASC se tramita. En efecto, la LO 1/2025 menciona de pasada esa posibilidad en su art. 7.3.II y III (pero a efectos de jurisdicción y competencia, el primero, y de cómputo de plazos, el segundo) y ha modificado el art. 730 LEC en sede de medidas cautelares (pero a unos efectos distintos a los que aquí nos ocupan). Nada por tanto respecto a lo que venimos poniendo de manifiesto.

La LO 1/2025 sí que se cuida de adelantar al momento de inicio del MASC el segundo de los efectos sustantivos de la litispendencia, esto es, la interrupción de la prescripción y la suspensión de la caducidad. Lo hace, sin embargo, en una regulación prolija y complicada, pues a ello le obliga la variedad de posibilidades que pueden darse en función de si en el MASC interviene o no un tercero neutral, de si el requerido de MASC es localizado o no (y si se aviene a negociar o si rehúsa), y de si la negociación prospera o se embarranca.

La intervención o no en un proceso negociador de un tercero neutral determina el modo en que puede, no solo producirse sino también documentarse con efectos legales la interrupción de la prescripción o la suspensión de la caducidad. En los casos en que interviene un tercero neutral, la LO 1/2025 da por supuesto que el tercero es localizable y que la parte que le dirige una solicitud de inicio de MASC puede sin dificultad obtener una copia sellada o justificante de su solicitud. Cuando no hay tercero neutral y por lo tanto sí pueden darse esas dificultades, la regulación es bastante más deficiente y es necesario hacer una interpretación correctora o complementaria de algunos de sus puntos.

En los casos en que se intente un MASC *con intervención de tercero neutral* (supuestos del art. 7.2 LO 1/2025) la interrupción de la prescripción o la suspensión de la caducidad se producirán,

a)   Si se opta por la mediación, «desde la fecha en la que conste la recepción de dicha solicitud por el mediador o el depósito ante la institución de mediación» (art. 4 LMed al que se remite el art. 7.2.a LO 1/2025).[3]

b)   Si se opta por la conciliación ante LAJ, Notario o Registrador, desde «[l]a presentación con ulterior admisión de la solicitud de conciliación» (art. 143 LJV por remisión del art. 7.2.d LO 1/2025).

c)   Si se opta por la conciliación privada, desde la fecha en la que conste la recepción de la solicitud de conciliación por la persona conciliadora (art. 7.2.b LO 1/2025).

---

[3]   El art. 4 LMed tuvo que ser reformado en este punto por la propia LO 1/2025, pues antes de esta la solicitud de mediación solo suspendía la prescripción y ahora también suspende la caducidad. Así lo apunta María SAAVEDRA GUTIÉRREZ, «La mediación...», *op. cit.*, pág. 4.

d) Si se opta por la opinión de experto independiente, «desde la fecha de desig-
    nación *de mutuo acuerdo* de la persona experta» (art. 7.2.c LO 1/2025).
    Recordemos que solo es posible desarrollar actividad negociadora a través de
    este MASC en caso de acuerdo de las partes sobre el uso de este concreto medio
    (art. 18.1 LO 1/2025). De no querer una parte hacer uso de este mecanismo,
    parece que la parte que haya podido tener la iniciativa al respecto (art. 5.4 LO
    1/2025) no podrá conseguir la interrupción de la prescripción ni la suspensión
    de la caducidad y por tanto deberá controlar cuidadosamente los tiempos para
    evitar que decaigan sus derechos o acciones (o bien, en paralelo, interrumpir la
    prescripción por los mecanismos ordinarios: requerimiento por medio del que
    quede constancia fehaciente, por ejemplo, acta notarial o burofax con acuse de
    recibo y certificación de contenido).[4]

En los casos en que se intente un MASC *sin intervención de tercero neutral*, la
cuestión no es tanto (o no solo) cuándo se produce la interrupción de la prescripción o
la suspensión de la caducidad, sino cómo se acredita tal circunstancia. A ese respecto,
el art. 7.1 LO 1/2025 establece que

> … [l]a solicitud de una de las partes dirigida a la otra para iniciar un procedimiento
> de negociación a través de un medio adecuado de solución de controversias, en la que se
> defina adecuadamente el objeto de la negociación, interrumpirá la prescripción o suspen-
> derá la caducidad de acciones *desde la fecha en la que conste el intento de comunicación
> de dicha solicitud a la otra parte* en el domicilio personal o lugar de trabajo que le conste
> a la persona solicitante, o bien a través del medio de comunicación electrónico empleado
> por las partes en sus relaciones previas.

Deberá por tanto la parte solicitante optar por un medio de comunicación que le
permita documentar la recepción por su contraparte de su propuesta de negociación y del
contenido de la misma. En este concreto punto la LO 1/2025 es especialmente abierta,
pues expresamente acepta incluso «el medio de comunicación electrónico empleado por
las partes en sus relaciones previas», lo cual haría admisible documentar la propuesta
de inicio de negociación (y por tanto fijar el momento interruptivo de la prescripción)
incluso por correo electrónico ordinario o plataformas de mensajería instantánea tipo
WhatsApp. Es llamativa esta laxitud cuando se trata de la producción de un efecto tan
relevante; y no es de extrañar, en esto, la dispersión de criterios que han proliferado en
acuerdos de juntas de jueces y LAJ en los primeros meses de vigencia de la LO 1/2025.

En cuanto al tercero de los efectos sustantivos de la litispendencia (la constitución
del deudor en mora) la LO 1/2025 no hace mención alguna a esta cuestión. Sin embargo,
dado que la constitución en mora (arts. 1100, 1101 y 1108 CC) se produce desde el
momento de la intimación al deudor al pago o cumplimiento de lo que se le reclama,

---

[4] Lo que no podrá hacer en este caso es suspender la caducidad, pues esto no es posible a falta de
demanda judicial o MASC que lo posibilite.

cualquier solicitud fehaciente de inicio de negociación extrajudicial producirá dicho efecto, no porque lo diga o lo omita la LO 1/2025 (tampoco lo dice u omite la LEC), sino por aplicación de las reglas generales civiles. Evidentemente, será preciso documentar no solo la solicitud sino también la recepción de la misma por el requerido, y para eso deberá el requirente elegir un medio de comunicación apto, que deje constancia fehaciente tanto de la recepción de la misiva como del contenido de la misma.

De todo lo que hemos tratado hasta ahora en este epígrafe resulta que la regulación de la litispendencia ha quedado radicalmente reconfigurada con la entrada en vigor de la LO 1/2025 y para los asuntos civiles sujetos a MASC previo. El art. 410 LEC actualmente significa algo muy distinto, o quizá mejor, significa *mucho menos* de lo que significaba antes, evidentemente en los casos en que la ley obliga a intentar un MASC antes de demandar (o en los casos en que, no existiendo tal obligación y no estando vedada a las partes privadas la posibilidad de transigir, una o ambas partes intentan *motu proprio* abrir un proceso de negociación). En estos supuestos, se mantienen más o menos inalterados los efectos procesales de la interposición de la demanda (si acaso, el MASC previo los matiza o determina, pero no los adelanta), pero quedan radicalmente modificados (normalmente en el sentido de ser *adelantados*) los efectos sustantivos, que se producen ahora no en el momento de interposición de la demanda (art. 410 LEC) sino en el momento en que se inicia el proceso negociador (art. 7 LO 1/2025).

CAPÍTULO 6

RÉGIMEN DE LA TERMINACIÓN DEL PROCESO DE NEGOCIACIÓN SIN ACUERDO

En el capítulo anterior hemos visto cómo la *apertura* del proceso de negociación extrajudicial produce una serie de relevantes efectos fundamentalmente sustantivos (muy especialmente, la interrupción de la prescripción y la suspensión de la caducidad) dirigidos a evitar que decaigan los derechos y acciones que las partes ejercitarán ante los tribunales mientras se desenvuelve el MASC y para el caso de que este no culmine en acuerdo.

Pero precisamente porque un MASC puede frustrarse y no acabar en acuerdo, es necesario abordar, primero, *en qué momento concreto se produce esa frustración*; y, segundo, *qué consecuencias tiene tal hecho*, tanto respecto a los efectos sustantivos que se produjeron con ocasión de su inicio, como respecto a los derechos en litigio y las acciones a ejercitar para solicitar su tutela por los tribunales.

Esas cuestiones se abordan en los siguientes apartados.

1. SUPUESTOS Y PLAZOS PARA ENTENDER CONCLUIDO EL MASC SIN ACUERDO (ART. 10.4 LO 1/2025)

En sede de normas generales, el art. 10.4 LO 1/2025 establece que se puede entender concluido el MASC sin acuerdo por el transcurso del tiempo en una serie de circunstancias. En concreto, «[s]e entenderá que se ha producido la terminación del proceso sin acuerdo»:

    a) Si transcurrieran treinta días naturales a contar desde la fecha de recepción de la solicitud inicial de negociación por la otra parte y no se mantuviera la primera reunión o contacto dirigido a alcanzar un acuerdo o no se obtenga respuesta por escrito.

Es este un supuesto de negativa tácita a negociar, por silencio o incomparecencia del requerido. No cabe duda en este caso, al revés de lo que sucede en el supuesto siguiente, de que los treinta días son *naturales*.

    b)   Si, una vez iniciada la actividad negociadora, transcurrieran treinta días desde que una de las partes haga una propuesta concreta de acuerdo a la otra, sin que se alcance acuerdo ni se obtenga respuesta por escrito. El plazo de treinta días comenzará a contar desde la fecha de recepción de la propuesta concreta de acuerdo.

En este supuesto el requerido se ha avenido a negociar y las partes han empezado a desarrollar lo que proceda en función del MASC elegido. Si en su seno se formula una propuesta de acuerdo, se entiende que el mismo es rechazado tácitamente si transcurren treinta días desde su formulación.

Pero estos treinta días, ¿son hábiles o naturales? El apartado anterior lo precisa expresamente y dice que naturales, pero en este caso la LO 1/2025 no dice nada (¡otro despiste del descuidado legislador que nos asola!), lo cual, en aplicación de las reglas generales sobre cómputo de plazos, debe llevar a concluir que son hábiles.

    c)   Si transcurrieran tres meses desde la fecha de celebración de la primera reunión sin que se hubiera alcanzado un acuerdo.[1] No obstante lo anterior, las partes tienen derecho a continuar de mutuo acuerdo con la actividad negociadora más allá de dicho plazo.

Se establece aquí una regla de duración máxima del proceso negociador (que, en cualquier caso puede inaplicarse de mutuo acuerdo), fijada en tres meses. En este caso, y también en aplicación de las normas generales sobre plazos, los tres meses deberán entenderse computados de fecha a fecha.

Además de lo anterior, también cabe que cualquier parte rompa las negociaciones sin esperar al transcurso de los plazos legales o convencionales, y así el art. 10.4 LO 1/2025 incluye un supuesto adicional de terminación de MASC sin acuerdo, a saber:

    d)   Si cualquiera de las partes se dirige por escrito a la otra dando por terminadas las negociaciones, quedando constancia del intento de comunicación de ser esa su voluntad.

La LO 1/2025 establece por tanto un marco temporal que a grandes rasgos consiste en fijar una suerte de silencio negativo transcurridos treinta días (desde que se recibe la propuesta inicial de abrir un proceso negociador o desde que en el seno de un MASC se traslada una propuesta concreta de acuerdo),[2] una duración máxima del MASC en su conjunto de tres meses salvo acuerdo de las partes para extenderlo, y la posibilidad de dar por concluido el MASC sin acuerdo antes del transcurso de esos plazos a voluntad de cualquiera de las partes.[3]

---

[1] En este caso, también por aplicación de las reglas generales, los tres meses deben entenderse computados de fecha a fecha.

[2] Con las precisiones y dudas sobre si son hábiles o naturales a las que nos hemos referido antes.

[3] Además de esto, recuérdese que en caso de que el requirente de negociación no consiga localizar a su contraparte, por desconocer su domicilio o por otro motivo válido, el intento de abrir una negociación servirá para tener por cumplido el requisito de procedibilidad documentándose mediante una declaración responsable (art. 264.I.4.º LEC).

Estas son las normas generales para entender concluido sin acuerdo el proceso de negociación, pero esas normas hay que complementarlas con una larga serie de preceptos dispersos por la LO 1/2025 (en buena parte redundantes respecto de lo establecido por el recién analizado art. 10.4) y que sistematizamos a continuación.

Se entiende que no hay acuerdo, en procesos de negociación *sin intervención de tercero neutral*,

a) Cuando transcurran treinta días naturales desde la *recepción de propuesta de inicio de negociaciones* sin que el requerido responda (o desde el envío de la propuesta si el requerido rechaza la comunicación) (art. 7.1.III LO 1/2025 que redunda en lo establecido en el art. 10.4 LO 1/2025).

b) Cuando convocada de forma recepticia una reunión de inicio de negociaciones, *el requerido no comparezca a la reunión* (art. 7.1.III LO 1/2025 y, redundantemente, art. 10.4 LO 1/2025).

c) Cuando formulada de forma recepticia una propuesta de acuerdo por una parte a otra, la *propuesta quede sin respuesta* por treinta días naturales (art. 7.1.IV LO 1/2025 y, redundantemente, art. 10.4 LO 1/2025).

   En los tres supuestos recién enumerados, el intento frustrado de negociación (o el envío de la invitación o propuesta rechazadas o desatendidas) podrán acreditarse «mediante cualquier documento que pruebe que la otra parte ha recibido la solicitud o invitación para negociar o, en su caso, la propuesta, en qué fecha, y que ha podido acceder a su contenido íntegro» (art. 10.2 *in fine* LO 1/2025). Esto es, la comunicación deberá realizarse por un medio que permita documentar de modo fehaciente tanto la recepción (acuse de recibo) como el contenido.

d) Cuando las partes, asistidas en su caso de sus abogados, *suscriban conjuntamente un documento* dando por terminada la negociación en el que «se deje constancia de la identidad de [las partes] y, en su caso, de las personas profesionales o expertas que hayan participado asesorándolas, la fecha, el objeto de la controversia, la fecha de la reunión o reuniones mantenidas, en su caso, y la declaración responsable de que las dos partes han intervenido de buena fe en el proceso» (art. 10.2 LO 1/2025).

e) Cuando en cualquier momento una parte comunique a la otra por escrito su voluntad de concluir el MASC por entender que no es posible el acuerdo (art. 10.4.d LO 1/2025).

f) «Cuando transcurrieran tres meses desde la fecha de celebración de la primera reunión sin que se hubiera alcanzado un acuerdo» (art. 10.4.c LO 1/2025), esto sin perjuicio de la posibilidad de extensión de las negociaciones por más tiempo si así lo convienen todas las partes.

g) Y cuando, por desconocerse el domicilio de la parte requerida de negociación o no resultar fructíferos los intentos de comunicación, no fuese posible requerir de negociación a la contraparte (supuesto en el que el art. 264.I.4.º LEC establece la posibilidad de acompañar a la demanda una declaración responsable sustitutiva).

En MASC *con intervención de tercero neutral*, el esquema temporal es parecido (plazos de silencio negativo, aunque en estos casos más breves, y duración máxima de negociaciones de tres meses salvo extensión de común acuerdo) pero la presencia del tercero hace que la documentación de la falta de acuerdo sea más sencilla en cuanto que es responsabilidad del mediador, conciliador o experto.

Así, según el art. 7.2 LO 1/2025, en MASC con intervención de tercero neutral se dará por concluido el proceso negociador sin acuerdo y se reiniciarán o reanudarán los plazos de prescripción o caducidad,

a) En la mediación, «en el caso de que en el plazo de quince días naturales desde la fecha de la recepción de la solicitud por el mediador o institución mediadora no se hubiera intentado por estos la comunicación con la otra parte, así como en el caso de que en el plazo de quince días naturales desde la recepción de la propuesta por la parte requerida, o desde la fecha de intento de la comunicación si dicha recepción no se produce, no se mantenga la primera reunión dirigida a alcanzar un acuerdo o no se obtenga respuesta por escrito» (art. 4.I LMed por remisión del art. 7.2.a LO 1/2025).

b) En la conciliación privada, «en el caso de que en el plazo de quince días naturales desde la fecha de la recepción de la solicitud por la persona conciliadora no se hubiese intentado por esta la comunicación con la otra parte, así como en el caso de que en el plazo de quince días naturales desde la recepción de la propuesta por la parte a la que se dirige la solicitud de conciliación, o desde la fecha de intento de la comunicación si dicha recepción no se produce, no se mantenga la primera reunión dirigida a alcanzar un acuerdo o no se obtenga respuesta por escrito» (art. 7.2.b LO 1/2025).

c) En la conciliación ante LAJ, Notario o Registrador, desde que levanten acta dejando constancia de la falta de acuerdo (art. 143 LJV por remisión del art. 7.2.d LO 1/2025).

d) En el supuesto de tercero independiente, cuando habiéndose actuado según lo establecido en los primeros cuatro párrafos del art. 18 LO 1/2025 (designación de experto, emisión de primer informe, observaciones y emisión de informe final) el dictamen no sea aceptado por una o ambas partes, caso en que «el experto designado extenderá a cada una de las partes una certificación de que se ha intentado llegar a un acuerdo por esta vía a los efectos de tener por cumplido el requisito de procedibilidad» (art. 18.5 por remisión del art. 7.2.c ambos de la LO 1/2025).

Es importante considerar que, como dice el art. 7.2 LO 1/2025 antes de entrar en el detalle que acabamos de exponer, estas reglas rigen «[s]in perjuicio de lo establecido en el apartado anterior». Esto es, manteniéndose salvo regla especial el elenco de supuestos y plazos para dar por concluido el MASC sin acuerdo.

Además de estos supuestos, cuando el requirente de MASC desconociese el domicilio en el que citar a su contraparte o por cualquier motivo válido no consiguiese requerirlo, podrá tener por intentado el MASC (y por tanto por cumplido el requisito de procedibilidad), y acreditará haber intentado la negociación previa aportando la declaración responsable a que se refiere el art. 264.I.4.º LEC.

2. REINICIO O REANUDACIÓN DE PLAZOS DE PRESCRIPCIÓN Y CADUCIDAD (ARTS. 7.1 Y 7.2 LO 1/2025)

La frustración del intento de negociación no producirá alteración alguna de la condición de moroso que el deudor adquirió al ser requerido fehacientemente. Sin embargo, sí llevará consigo el *reinicio* del cómputo de la prescripción (que volverá a empezar desde cero) o la *reanudación* del cómputo de la caducidad (que se reactivará desde el punto en el que se suspendió).[4]

Así lo establece el art. 7.1.II LO 1/2025 según el cual la interrupción (de la prescripción) o la suspensión (de la caducidad) producidas con motivo del inicio del proceso de negociación,

> … se prolongará hasta la fecha de la firma del acuerdo *o de la terminación del proceso de negociación sin acuerdo*.

Hay que apuntar que, en caso de acuerdo, es incorrecto decir que se reiniciará o reanudará el cómputo de la prescripción o de la caducidad del derecho o la acción sobre la cual las partes han transado. Porque el acuerdo implica que ya no existe conflicto respecto al derecho controvertido, que por tanto no hay acciones que ejercitar para que un juez adjudique ese conflicto (que ya no existe), y que por tanto no existe plazo de prescripción o caducidad que afecte a los derechos negociados. Lo que sí correrán serán los plazos para ejercitar la acción ejecutiva en caso de incumplimiento del acuerdo, pero esa es una cuestión distinta.[5]

---

[4]   Sobre los efectos procesales y sustantivos del inicio de la actividad negociadora, véase el capítulo 5 de esta obra.

[5]   Sobre esto véase Rocío ZAFRA ESPINOSA DE LOS MONTEROS, «Ejecución del acuerdo de MASC», en Helena SOLETO MUÑOZ, *Mediación y resolución…, op. cit.,* págs. 437-465.

3. **APERTURA DEL PLAZO PARA EJERCITAR ACCIONES JUDICIALES (ART. 7.3 EN RELACIÓN CON EL 5.1 LO 1/2025)**

Finalizado el MASC sin acuerdo, corriendo de nuevo los plazos de prescripción o caducidad que procediese (según lo visto en el apartado anterior), y cumplido así el requisito de procedibilidad, el art. 7.3 LO 1/2025 establece que

> ... las partes deberán formular la demanda dentro del plazo de *un año* a contar, respectivamente, desde la fecha de recepción de la solicitud de negociación por la parte a la que se haya dirigido la misma o, en su caso, desde la fecha de terminación del proceso de negociación sin acuerdo.

La redacción de este artículo es manifiestamente mejorable, porque es necesario un notable esfuerzo de interpretación para determinar en qué supuestos el año se contará «desde la fecha de recepción de la solicitud de negociación» o «desde la fecha de terminación del proceso de negociación sin acuerdo». Además, genera lagunas interpretativas de gran relevancia.

La única interpretación lógica del art. 7.3 LO 1/2025, me parece, es que el cómputo del año «desde la fecha de recepción de la solicitud de negociación» será aplicable a los supuestos en que no haya llegado a abrirse el proceso negociador por no responder el requerido a la invitación a MASC o por no comparecer a la primera reunión a la que hubiese sido citado; y que el cómputo del año «desde la fecha de terminación del proceso de negociación sin acuerdo» es aplicable a los supuestos en que, requerido de MASC el eventual futuro demandado, este se ha avenido a iniciar las conversaciones pero estas se han acabado frustrando.[6]

Pero eso no soluciona todos los interrogantes. Recuérdese que puede suceder que el requirente de MASC desconozca el domicilio donde citar a su contraparte o que por cualquier motivo no consiga requerirlo fehacientemente. En estos supuestos, el art. 264.I.4.º LEC le permite tener por cumplido el requisito de procedibilidad cuando tal circunstancia se pone de manifiesto, y establece que la acreditación de tal circunstancia se realiza mediante la aportación de una declaración responsable. ¿Desde qué momento se computará el año en estos casos? Quizá desde la fecha en que el requirente de MASC reciba el justificante (del Notario, del servicio de correos o mensajería, del mediador, conciliador o tercero a quien corresponda intentar localizar y requerir a la contraparte) de que no se ha podido emplazar al contrario.

Además, en el supuesto de requerimiento de MASC recibido pero desatendido, creo que es un grave error disociar la fecha en que el MASC se entiende terminado sin acuerdo (supuesto del art. 10.4.a LO 1/2025: transcurridos treinta días naturales a contar desde la fecha de recepción de la solicitud inicial de negociación por la otra

---

[6] Sobre los plazos y supuestos en que se entenderá frustrado el intento de MASC véase el apartado a de este mismo capítulo 6.

parte) de la fecha en la que se inicia el computo del plazo de un año para demandar (art. 7.3 LO 1/2025: desde la fecha de recepción por el requerido de la solicitud de negociación).

Sea como sea, computado el plazo según corresponda en cada caso, si el requirente dejase pasar el año, y en el buen entendido de que para entonces no hubiesen prescrito ni caducado las acciones objeto del proceso de negociación, tendrá que intentar un nuevo MASC para volver a abrir la vía judicial.

Porque debe subrayarse que el plazo de un año del art. 7.3 LO 1/2025 es a los únicos y exclusivos efectos de tener por cumplido el requisito de procedibilidad, y que es distinto a los plazos de prescripción o caducidad de las acciones a ejercitar. Si, como sucederá en la mayoría de los casos, el plazo de prescripción (que al iniciarse el MASC se interrumpió y al frustrarse se volvió a empezar a contar desde cero) es más amplio que el del art. 7.3 LO 1/2025 (así es en casi todos los supuestos de los arts. 1.961 a 1.975 CC), la parte podrá dejar transcurrir ese primer año sin demandar sin por eso perder su acción; pero si luego decide demandar, tendrá que volver a intentar un MASC por haber excedido el plazo del art. 7.3 LO 1/2025.

Es esta una solución absurdamente incoherente con el régimen general de plazos prescriptivos del CC, además de absolutamente contraria a los objetivos que la LO 1/2025 dice perseguir. Imponer un plazo de un año para demandar so pena de que decaiga el efecto del MASC previo no hace sino *incentivar* a la parte a acudir a tribunales; obligar a la parte que aun así dejó pasar el año a intentar un nuevo MASC no hace sino *encarecer* aún más la gestión del conflicto y *dificultar* aún más el acceso a la Justicia interponiendo un escollo adicional. Habría sido más… eficiente no establecer plazo alguno de caducidad del MASC y que el ulterior ejercicio de acciones judiciales dependiese solo de la subsistencia de las correspondientes acciones (esto es, de que no hayan prescrito ni caducado).

Pero es más: el plazo de un año del art. 7.3 en relación con el art. 5.1 LO 1/2025 parece excepcionarse en los supuestos en que se hayan solicitado y acordado medidas cautelares antes o durante la tramitación del proceso de negociación. En efecto, en el caso de medidas acordadas *durante* el MASC la LO 1/2025 dice que «las partes deberán presentar la demanda ante el mismo tribunal que conoció de aquellas en los *veinte días* siguientes desde la terminación del proceso negociador sin acuerdo o desde la fecha en que deba entenderse finalizado el proceso de negociación sin acuerdo conforme a esta ley» (art. 7.3.II LO 1/2025), y en el caso de medidas acordadas *antes* del MASC, donde el art. 730.2.II LEC establece que la demanda deberá presentarse «en los veinte días siguientes a su adopción», ese plazo se suspenderá cuando se inicie un MASC y se reanudará (¡no se reiniciará!) cuando el MASC termine sin acuerdo (art. 7.3.III LO 1/2025).[7]

---

[7] Es también de esta opinión Alicia BERNARDO SAN JOSÉ, «Otras reformas del proceso civil», en Julio BANACLOCHE PALAO, y Fernando GASCÓN INCHAUSTI, *La Justicia en España tras la Ley Orgánica de*

Se trata de nuevo de una solución llamativamente deficiente, porque confunde el sentido que tiene la erección de los MASC en requisito de procedibilidad (incentivar los acuerdos extrajudiciales) con la finalidad de las medidas cautelares (asegurar la efectividad de la eventual tutela judicial decretada en sentencia), y recorta sin un motivo coherente el plazo de interposición de la demanda tras terminar el MASC sin acuerdo (de un año a veinte días, y menos aún si las medidas se adoptaron antes del MASC). Habría sido más lógico mantener el plazo del año para la interposición de la demanda tras el MASC frustrado, aunque además se estableciera que las medidas cautelares adoptadas antes o durante el MASC solo se mantendrían en caso de ejercitar acciones judiciales en el plazo de veinte días (o en caso de que el solicitante de la medida así lo instase expresamente en la pieza separada de medidas cautelares).[8]

4. REQUISITOS DE ADMISIBILIDAD A TRÁMITE DE LA DEMANDA POSTERIOR A MASC SIN ACUERDO

Intentado el MASC sin éxito, la demanda ulterior que pueda propugnarse por parte legitimada será admitida a trámite, además de si cumple los requisitos generales para ello, si se ajusta a los siguientes requisitos específicamente ligados al proceso negociador previo. A saber,

a) Si se interpone en el *plazo* del art. 7.3 en relación con el art. 5.1 LO 1/2025 (un año desde la finalización del MASC sin acuerdo), por supuesto si además la acción ejercitada no está prescrita ni caducada (*requisitos temporales*).

b) Si el intento de MASC se *expone* (art. 399.3 II LO 1/2025) y *documenta* (art. 264.I.4.º LO 1/2025) en la demanda (*requisitos formales*).

c) Si el MASC así expuesto y documentado es un intento de negociación ajustado a las exigencias de la LO 1/2025 (*requisitos materiales*).

Esta enumeración de condiciones que deben darse para la admisibilidad de la demanda posterior a un intento frustrado de MASC incluye requisitos que ya hemos abordado, pero entendemos que es conveniente por razones didácticas reiterarlos en este momento.

4.1. Requisitos temporales

En cuanto a los requisitos temporales para la admisibilidad de la demanda posterior a MASC intentado sin acuerdo, en efecto, ya dijimos antes que el plazo de un año que se establece en el art. 7.3 LO 1/2025 (o los veinte días en caso de

---

eficiencia, Aranzadi, Pamplona 2025, pág. 508. También Vicente PÉREZ DAUDÍ, «Los MASC y las medidas cautelares», en Helena SOLETO MUÑOZ, *Mediación y resolución...*, *op. cit.*, Tecnos, Madrid 2025, pág. 428.

[8] Sobre los distintos supuestos y los plazos que deberán observarse en este supuesto, véase también María Luisa VILLAMARÍN LÓPEZ, *El juicio verbal en el proceso civil*, La Ley, Madrid 2025, págs. 71-72.

medidas cautelares) es el tiempo en el que el intento de MASC extiende su virtualidad, desde el momento en que legalmente se entiende frustrado, a los efectos del cumplimiento del requisito de procedibilidad. En este punto, una redacción más cuidada del art. 7.3 LO 1/2025 debería haber dicho que tras el MASC frustrado las partes «podrán» (más que «deberán») interponer la demanda (porque ese artículo no establece tanto un deber como una posibilidad que tienen las partes enfrentadas), y referir expresamente esa posibilidad a la subsistencia del efecto del MASC para tener por cumplido el requisito de procedibilidad. Esa precisión también habría evitado dudas interpretativas como las que se plantean con respecto al plazo de los veinte días en que las partes, de nuevo, «deberán» interponer la demanda tras el MASC frustrado cuando antes de él o en su curso se hayan solicitado y adoptado medidas cautelares (párrafos II y III del art. 7.3 LO 1/2025).

También hemos mencionado antes que el plazo del art. 7.3 LO 1/2025 es distinto a los plazos de prescripción o caducidad que puedan afectar a las acciones ejercitadas (y que aquél y estos casi siempre estarán descompasados). En esto tendrá la parte demandante que velar porque sus acciones no decaigan en el tiempo que medie entre el inicio del MASC y su terminación sin acuerdo.

Pero aparte de estos requisitos temporales, no precisamente secundarios, de la LO 1/2025 y de la LEC reformada por la indicada norma resultan unos *requisitos de admisibilidad formal y material* de la demanda referidos al previo MASC (y que son distintos e independientes de los requisitos generales de admisibilidad de la demanda).

4.2. **Requisitos formales**

Los requisitos formales de admisibilidad referidos a la previa actividad negociadora concluida sin acuerdo y que debe cumplir la ulterior demanda son la exposición y la documentación de esa actividad.

En este punto, la LO 1/2025 ha modificado una serie de artículos de la LEC para cohonestarlos con la obligatoriedad de MASC previo.

Así, en primer lugar, el art. 399 LEC en sede de concepto y requisitos de contenido de la demanda de juicio ordinario (aplicables a la demanda de juicio verbal por la remisión del art. 437.1 LEC), en su redacción actual y en lo que nos ocupa dice lo siguiente:

> 3. Los hechos se narrarán de forma ordenada y clara con objeto de facilitar su admisión o negación por el demandado al contestar. Con igual orden y claridad se expresarán los documentos, medios e instrumentos que se aporten en relación con los hechos que fundamenten las pretensiones y, finalmente, se formularán valoraciones o razonamientos sobre éstos, si parecen convenientes para el derecho del litigante.
>
> Así mismo [sic], *se hará constar en la demanda la descripción del proceso de negociación previo llevado a cabo o la imposibilidad del mismo*, conforme a lo establecido por el ordinal 4.º del artículo 264, y se manifestarán, en su caso, los documentos que

justifiquen que se ha acudido a un medio adecuado de solución de controversias, salvo en los supuestos exceptuados en la Ley de este requisito de procedibilidad.[9]

Y, en segundo lugar, el art. 264 LEC en sede de documentos procesales que han de acompañarse a la demanda (a cualquier demanda, tanto de juicio ordinario como de verbal) ha sido modificado añadiéndose a la relación de tales documentos,

> 4.º El *documento que acredite haberse intentado la actividad negociadora previa a la vía judicial* cuando la ley exija dicho intento como requisito de procedibilidad, *o declaración responsable* de la parte de la imposibilidad de llevar a cabo la actividad negociadora previa a la vía judicial por desconocer el domicilio de la parte demandada o el medio por el que puede ser requerido.

A estos efectos, por tanto, el actor tiene que cumplir un doble requisito: por un lado, describir el proceso de negociación (o su imposibilidad) con un cierto detalle, y por otro acompañar la documentación que sustente esa descripción.

En cuanto a lo primero (la descripción del proceso de negociación), ese detalle deberá contener la información necesaria para que el LAJ en el trámite de admisión pueda valorar si efectivamente se han observado los trámites y plazos exigibles para el MASC elegido, y por tanto para entender cumplido el requisito de procedibilidad: iniciativa para la apertura de la actividad negociadora (con referencia a la forma de comunicación utilizada para ello y la fecha de envío y recepción de la misiva), respuesta (o falta de ella) por la parte requerida, reunión o reuniones mantenidas (y personas intervinientes) en su caso, y fecha en la que legalmente quedó frustrado el intento de negociación (con explicación de cómo se produjo esa frustración).

Parece imponerse el criterio de que la falta de *mención* en la demanda del proceso de negociación, obviando por tanto el requisito del art. 399.3 LEC, y/o la falta de *aportación* junto con la demanda de la documentación acreditativa de la actividad negociadora (o del intento frustrado de iniciarla), en contra del art. 264.I.4.º LEC, serían subsanables, en el buen entendido de que el MASC sí que se hubiese intentado previamente. No sería subsanable por el contrario la falta de intento previo de MASC.[10]

---

[9]   Es criticable que la exigencia de «descripción del proceso de negociación» en la demanda haya sido ubicada en el apartado 3 del art. 399 LEC (*hechos* de la demanda) y no en el apartado 4 (fundamentos de Derecho). Pues aunque el intento de negociación forme parte de la historia y desarrollo de la controversia, siendo relevante en cuanto requisito de procedibilidad habría tenido un encaje más natural en sede de fundamentos procesales, donde según el art. 399.4 LEC deben consignarse «las alegaciones que procedan sobre capacidad de las partes, representación de ellas o del Procurador, jurisdicción, competencia y clase de juicio en que se deba sustanciar la demanda, *así como sobre cualesquiera hechos de los que pueda depender la validez del juicio y la procedencia de una sentencia sobre el fondo*».

[10]   Por ejemplo y entre otros, punto 11 del Acuerdo de Unificación de Criterios de las Secciones Civiles de la Audiencia Provincial de Barcelona de 31.10.2025. En contra, Vicente PÉREZ DAUDÍ, «Los MASC como requisito de procedibilidad: naturaleza jurídica y su posible subsanación», en *Justicia*, 2025-1, pág. 198; y el mismo autor en «Los MASC como requisito de procedibilidad», en Sonia CALAZA LÓPEZ,

El art. 10 LO 1/2025 proporciona unas guías generales sobre cuáles deberán ser los ítems a incluir en el documento o documentos que acrediten el MASC previo y su terminación sin acuerdo.

Cuando *no hubiera intervenido un tercero neutral*, según el art. 10.2 LO 1/2025,

> … la acreditación se cumplirá mediante cualquier documento firmado por ambas partes en el que se deje constancia de la identidad de las mismas y, en su caso, de las personas profesionales o expertas que hayan participado asesorándolas, la fecha, el objeto de la controversia, la fecha de la reunión o reuniones mantenidas, en su caso, y la declaración responsable de que las dos partes han intervenido de buena fe en el proceso.

En estos casos y cuando no fuese posible elaborar ese documento, el art. 10.2 LO 1/2025 en su último inciso dice que

> … [e]n su defecto, podrá acreditarse el intento de negociación mediante cualquier documento que pruebe que la otra parte ha recibido la solicitud o invitación para negociar o, en su caso, la propuesta, en qué fecha, y que ha podido acceder a su contenido íntegro.

En los supuestos de *intervención de tercero neutral*, el art. 10.3 LO 1/2025 establece la obligación del tercero de expedir, y el derecho de las partes a obtener de él,

> … un documento en el que deberá hacer constar: a) La identidad del tercero, su cualificación, colegio profesional, institución a la que pertenece o registro en el que esté inscrito; b) La identidad de las partes; c) El objeto de la controversia; d) La fecha de la reunión o reuniones mantenidas; e) La declaración solemne de que las dos partes han intervenido de buena fe en el proceso, para que surta efectos ante la autoridad judicial correspondiente.

Si habiendo intervenido tercero neutral alguna de las partes no hubiera comparecido o hubiese rehusado la invitación a negociar, el tercero expedirá el documento a petición de la parte compareciente, y en él (art. 10.3.II LO 1/2025),

> … consignará dicha circunstancia y, en su caso, la forma en la que se ha realizado la citación efectiva, la justificación de haber sido realizada, y la fecha de recepción de la misma.

Más allá de estos elencos de ítems a ser incluidos en los documentos o certificaciones acreditativos del intento de negociación, el detalle concreto tendrá que ajustarse en función del MASC elegido. No es lo mismo que el requirente haya remitido una propuesta de negociación privada o incluso una oferta vinculante a la que el requerido haya hecho caso omiso (caso en el que bastará con decir que en tal fecha se remitió propuesta de negociación u oferta vinculante, que la comunicación fue recibida por el requerido, y que transcurridos treinta días naturales sin respuesta se entendió

---

e Ixusko ORDEÑANA GEZURAGA (coords.), *Guía práctica de los MASC*, Aranzadi 2025, págs. 141 a 151. Para PÉREZ DAUDÍ, «es evidente que debe permitirse la subsanación», pero esta opinión está quedando cada vez más desplazada por la opinión contraria casi unánime de Jueces, LAJ y Audiencias tanto en acuerdos de unificación de criterios como en resoluciones dictadas siguiendo estos.

intentado sin éxito el proceso de negociación extrajudicial, art. 7.3 y antes 7.1.III LO 1/2025) a que se haya intentado una mediación o conciliación o incluso un proceso de Derecho colaborativo (supuestos en los que el relato deberá incluir muchos más datos, que habrá que espigar tanto de la LO 1/2025 como de la regulación especial del MASC en cuestión).

En cuanto a lo segundo (la documentación del proceso negociador), cuál sea «el documento» (o más bien, en la mayoría de los casos, *los* documentos) a acompañar para acreditar el intento de negociación y su frustración, igualmente resultará de cuál haya sido el MASC intentado y su desarrollo. En este punto, la cuestión es que, igual que las afirmaciones de hecho unilaterales necesitan ser probadas para que el tribunal las considere ciertas, las referidas al MASC previo y su finalización sin acuerdo tendrán que ser sustentadas por los documentos necesarios en cada caso.

Teniendo en cuenta, no obstante, que la actividad negociadora es confidencial por mandato legal, salvo las excepciones legales y hasta que la sentencia queda firme (art. 9 LO 1/2025), el relato de la actividad negociadora deberá limitarse a consignar los datos referidos a la iniciativa, desarrollo (fechas y participantes en comparecencias y reuniones) y falta de acuerdo (el simple hecho, sin más detalle), sin entrar en el fondo de la negociación (las propuestas cruzadas entre las partes). Los documentos igualmente tendrán que estar cegados en lo que proceda (por ejemplo, se tacharán los pasajes en los que se contengan los términos de las posibles ofertas).

Lo cual nos lleva a la cuestión clave de la *documentación* del intento frustrado de negociación extrajudicial: sea que la misma se ha producido, pero en su seno las partes no han sido capaces de llegar a un acuerdo; sea que se ha intentado, pero no ha sido posible ni siquiera desarrollarla por la negativa de la parte requerida a negociar; sea, por fin, que para el requirente de negociación ha sido imposible ni siquiera localizar y emplazar a su contraparte.

En este punto, el art. 10.1 LO 1/2025 dice lo siguiente:

> A los efectos de acreditar que se ha intentado una actividad negociadora previa y cumplir el requisito de procedibilidad, dicha actividad negociadora o el intento de la misma *deberá ser recogida documentalmente*.

Cuando en el MASC haya intervenido un tercero neutral, la obligación de documentar el desarrollo del MASC y sobre todo su conclusión sin acuerdo recae sobre ese tercero, sin que la actitud obstativa de una u otra parte deba generar dificultades en este punto como sí puede generarlas en los supuestos en que no intervenga un tal tercero. Así resulta en general del art. 10.1 LO 1/2025, que tiene sus paralelos en los arts. 22.3 LMed (cuando el tercero es un mediador), 82.2 LNot (cuando es un conciliador notario), 103 bis 2 LJV (cuando es un conciliador registrador), 145.3 LJV (cuando es un conciliador LAJ o Juez de Paz), 16.I.j LO 1/2025 (cuando es un conciliador privado) y 18.5 LO 1/2025 (cuando es un tercero independiente).

En estos casos, *si ha habido materialmente negociación*, el art. 10.3 LO 1/2025 establece que el tercero neutral expedirá a instancia de cualquiera de las partes

... un documento en el que deberá hacer constar:

a) La identidad del tercero, su cualificación, colegio profesional, institución a la que pertenece o registro en el que esté inscrito.[11]

b) La identidad de las partes.

c) El objeto de la controversia.

d) La fecha de la reunión o reuniones mantenidas.

e) La declaración solemne de que las dos partes han intervenido de buena fe en el proceso, para que surta los efectos ante la autoridad judicial correspondiente.

Un supuesto singular se produce en los procesos de Derecho colaborativo, donde son los abogados de las partes, que no son estrictamente terceros neutrales pero que tienen vedado representar a sus clientes en el ulterior proceso, los que tienen encomendada la función de documentación del fin del proceso sin acuerdo (art. 19.3 LO 1/2025).

También para supuestos en que haya intervenido un tercero neutral pero en los que *no haya podido haber materialmente negociación*, el art. 10.3.II LO 1/2025 establece que

... [e]n caso de que alguna de las partes no hubiese comparecido o hubiese rehusado la invitación a participar en la actividad negociadora, se consignará dicha circunstancia y, en su caso, la forma en la que se ha realizado la citación efectiva, la justificación de haber sido realizada y la fecha de recepción de la misma.[12]

Al tercero neutral le da por tanto la LO 1/2025 una suerte de potestad de dación de fe de lo actuado en su presencia. Esa potestad la tienen naturalmente los notarios, registradores, LAJ y jueces de paz en cuanto que forma parte de su estatuto, pero la LO 1/2025 la extiende a cualquier tercero neutral privado.

Cuando en el MASC no haya intervenido un tercero neutral (fundamentalmente en los supuestos de oferta vinculante confidencial o de negociación directa entre las partes, estén o no asistidas de abogado), el art. 10.2 LO 1/2025 establece que

... la acreditación se cumplirá mediante cualquier documento firmado por ambas partes en el que se deje constancia de la identidad de las mismas y, en su caso, de las personas

---

[11] Aparte de la identidad, cuál o cuáles de las siguientes menciones del art. 10.1.a deba incluir el tercero en el documento dependerá de cuál sea el MASC en el que haya intervenido, pues recordemos que la LO 1/2025 en determinados MASC exige al tercero no solo cualificación sino también colegiación (es el caso de los conciliadores), en otros cualificación pero no necesariamente colegiación (es el caso de los mediadores), y en otros titulación pero nada más (los expertos independientes).

[12] O en caso de que el tercero neutral no haya conseguido localizar y emplazar al requerido de negociación, caso en el cual el intento se documentará con una declaración responsable al efecto (art. 264.I.4.° LEC).

profesionales o expertas que hayan participado asesorándolas, la fecha, el objeto de la controversia, la fecha de la reunión o reuniones mantenidas, en su caso, y la declaración responsable de que las dos partes han intervenido de buena fe en el proceso.

Lo anterior da por hecho que efectivamente ha habido negociación, y que por tanto las partes o sus asesores documentarán consensuadamente tanto el proceso de negociación como su fin frustrado. Pero para cuando no haya habido materialmente negociación (porque la parte requerida se ha negado a concurrir al llamamiento, o porque no se le ha podido localizar y emplazar), el mismo art. 10.2 LO 1/2025 continúa diciendo que

> … podrá acreditarse el intento de negociación mediante cualquier documento que pruebe que la otra parte ha recibido la solicitud o invitación para negociar o, en su caso, la propuesta, en qué fecha, y que ha podido acceder a su contenido íntegro.

Esto es, en estos casos la falta de interviniente con potestad de dación de fe que pueda documentar el intento nonato de negociación se suple mediante el uso de medios de comunicación que permitan acreditar fehacientemente al menos el envío, recepción y contenido de la propuesta de negociación. La falta de concreción de la ley en este punto ha hecho que diversas juntas de jueces y LAJ hayan ido emanando criterios al respecto. Así, son generalmente aceptados medios como el burofax, el correo certificado o el correo-e certificado (siempre que conste fehacientemente la recepción por el requerido y el contenido de la comunicación) y por supuesto el acta notarial, y hay una cierta dispersión en cuanto a aceptar o no medios como servicios de mensajería instantánea (WhatsApp y similares) o SMS (no certificado).[13]

Recuérdese, por último, que cuando en estos casos el requirente de negociación ni siquiera pudiese localizar a su contraparte (por desconocer su dirección o por otro motivo válido), la frustración del intento de negociación se documentará acompañando a la demanda una declaración responsable al efecto (art. 264.I.4.º LEC).

4.3. **Requisitos materiales**

En cuanto a los *requisitos de admisibilidad material* de la demanda en función del desarrollo del previo MASC, consisten en que esa actividad negociadora se haya realizado de buena fe y que la acción o acciones ejercitadas en la demanda ulterior (el objeto del proceso) estén comprendidas dentro del perímetro de lo negociado en el MASC (el objeto de la actividad negociadora).

---

[13] Acepta los primeros pero no los segundos el Forum de unificación de criterios de los LAJ de Barcelona capital y provincia de 20.3.2025; por su parte, los Juzgados de Primera Instancia e Hipotecarios de Madrid en los Criterios adoptados con fecha 26.9.2025 aceptan el burofax, el buromail, el buroSMS, el correo certificado si permite tener constancia de la recepción y el contenido, y el «correo electrónico, WhatsApp o cualquier otro medio de mensajería instantánea cuando conste que se haya recibido, haya intervenido un tercero de confianza y las partes los hubiesen estipulado como medio habitual de comunicación, no admitiéndose como justificación las comunicaciones unilaterales no contestadas pese a ser múltiples».

La buena fe es un principio general del Derecho y una exigencia atinente a toda persona en el ejercicio de sus derechos y facultades. Así resulta del art. 7 CC según el cual,

1. Los derechos deberán ejercitarse conforme a las exigencias de la buena fe.
2. La Ley no ampara el abuso del derecho o el ejercicio antisocial del mismo.

Esa exigencia de buena fe es por tanto extensible a los actos y conversaciones encaminados a intentar la composición extrajudicial de sus conflictos jurídicos. Pero aparte de su vigencia como principio general, la LO 1/2025 la incorpora no solo a nivel conceptual sino también en lo relativo a la documentación del eventual acuerdo alcanzado en culminación de un MASC.

En efecto,

a) La incorpora a nivel *conceptual* porque todo MASC, para ser considerado tal y para surtir los efectos que la ley le apareja (sea que culmine en acuerdo o en falta de acuerdo) tiene que desarrollarse en un contexto de buena fe. La misma definición de MASC que contiene el art. 2 LO 1/2025 así lo indica («se entiende por medio adecuado de solución de controversias cualquier tipo de actividad negociadora… *a la que las partes de un conflicto acuden de buena fe* con el objeto de encontrar una solución extrajudicial al mismo»). Un dizque intento de composición presidido por la mala fe no sería en rigor un MASC y hay que entender que, si así queda evidenciado en el momento procesal oportuno, no podría servir para dar por cumplido el requisito de procedibilidad en caso de frustrarse (ni para ser erigido en título ejecutivo en caso de acuerdo) y debería provocar la inadmisión de la correspondiente demanda.

b) La incorpora en lo relativo a la *documentación* del eventual acuerdo (o de la falta del mismo), porque la buena fe deberá explicitarse y certificarse en diversos documentos acreditativos del desarrollo del proceso negociador (y que precisamente luego se acompañarán a la ulterior demanda). Así, las partes en una negociación privada que no consigan llegar a un acuerdo lo acreditarán mediante la suscripción conjunta de un documento en el que, aparte de otras menciones, manifestarán haber intervenido de buena fe en el proceso (art. 10.2 LO 1/2025); y la misma mención hará el tercero neutral al extender la correspondiente certificación (art. 10.3.e LO 1/2025).

Es, por último, requisito de admisibilidad material de la demanda subsiguiente a MASC frustrado, que la acción o acciones ejercitadas (esto es, el objeto del proceso ulterior) estén comprendidas o hayan sido tratadas en el proceso negociador previo (el objeto de la negociación). Así lo establece el art. 5.1 LO 1/2025 en su segundo inciso, en unos términos procesalmente poco rigurosos, que aunque ya hemos mencionado antes volvemos a reproducir aquí:

> Para entender cumplido [el requisito de procedibilidad] habrá de existir una identidad entre el objeto de la negociación y el objeto del litigio, aun cuando las pretensiones que pudieran ejercitarse, en su caso, en vía judicial sobre dicho objeto pudieran variar.

Pero no es solo una cuestión de plazos: según el art. 5.1 LO 1/2025, para que pueda entenderse cumplido el requisito de procedibilidad

> … habrá de existir una identidad entre el objeto de la negociación y el objeto del litigio, aun cuando las pretensiones que pudieran ejercitarse, en su caso, en vía judicial sobre dicho objeto pudieran variar

Qué pueda reputarse *identidad de objeto* entre la negociación encauzada a través de MASC y el ulterior proceso no está bien definido en la LO 1/2025, que no parece haber meditado con un mínimo de reposo cuál es la dinámica propia de un proceso de negociación (que puede tener un perímetro abierto o difuso en cuanto a lo que las partes persiguen, y que puede alterarse a lo largo de las conversaciones) por contraste con la formalidad y la precisión exigibles a la definición del verdadero y propio *objeto* del proceso ulterior (que es la precisa y concreta pretensión de tutela jurídica declarativa que la parte legitimada ejercita ante un Tribunal de Justicia, y que queda cristalizada en el momento de interponerse la demanda ex art. 410 LEC).

Serán quienes documenten la falta de acuerdo quienes deberán delimitar con claridad (y con visión jurídico-procesal) no tanto cuál haya sido el «objeto de la negociación» (art. 5.1 LO 1/2025) o el «objeto de la controversia» (art. 10.3.c LO 1/2025), como cuáles son las potenciales pretensiones de solicitud de tutela judicial respecto a las cuales ha habido o se ha intentado negociación y esta no ha llegado a buen puerto.

Capítulo 7

RÉGIMEN DE LA EJECUTIVIDAD DEL MASC FINALIZADO CON ACUERDO

El acuerdo de MASC debidamente documentado según los requisitos de la LO 1/2025 es título ejecutivo (art. 13.2 LO 1/2025 en relación con los 2.º y 3.º del art. 517.2 LEC), y por tanto, en caso de incumplimiento de lo convenido, la parte acreedora puede interponer demanda de ejecución con base en el mismo.

A la documentación del acuerdo adoptado en MASC se refiere el art. 12 LO 1/2025. Sus apartados 1 y 2 regulan la forma y contenido del documento base, y los apartados 3 a 7 su elevación a escritura pública. A la ejecutividad del título así elaborado se refiere el art. 13 LO 1/2025.

Estos preceptos se refieren a la documentación de los acuerdos de MASC previos al proceso y que evitan la elevación a estado judicial de la controversia (o a los que se alcanzan *lite pendente* pero no se homologan judicialmente). Porque cuando se trate de una transacción alcanzada estando en marcha el proceso judicial, las partes podrán solicitar su homologación al juez que conozca del pleito, y este así lo hará mediante auto, que es título ejecutivo en cuanto resolución judicial (art. 517.2.3.º LEC) más que en cuanto acuerdo transaccional.

Tratamos esas cuestiones a continuación, por separado y sucesivamente.

1. Documentación del acuerdo alcanzado en MASC extraprocesal (art. 12.1 y 12.2 LO 1/2025)

Los apartados 1 y 2 del art. 12 LO 1/2025 establecen lo siguiente en punto a documentación del acuerdo alcanzado en MASC:

1. En el documento que recoja el acuerdo se deberá hacer constar la *identidad* y el domicilio de las partes y, en su caso, la identidad de sus abogados y abogadas y de la tercera persona neutral que haya intervenido, el *lugar y fecha* en que se suscribe, las *obligaciones* que cada parte asume y que se ha seguido un procedimiento de *negociación* ajustado a las previsiones de esta ley.

2. El acuerdo deberá *firmarse* por las partes y, en su caso, por sus representantes, y cada una de ellas tendrá derecho a obtener una *copia*. Si interviene una tercera persona neutral esta entregará un ejemplar a cada una de las partes y deberá reservarse otro ejemplar para su conservación.

Estos preceptos están redactados, como es la tónica general de la LO 1/2025, con una prolijidad que oscila —aunque parezca contradictorio— entre lo redundante y lo insuficiente. Son redundantes en la medida en que los intervinientes en cualquier acuerdo, se suscriba para transar y evitar un pleito o para regular el modo en que se desarrollarán sus relaciones comerciales o de cualquier tipo, por supuesto harán constar en el documento sus respectivas identidades, la condición en la que actúan, o los concretos acuerdos a que hayan llegado. Son insuficientes porque, si se trata de explicitar lo que convendrá hacer constar en un acuerdo de MASC, cualquier enumeración dejará siempre fuera elementos que en este o aquel supuesto sí sería recomendable reflejar en el documento (tanto más dada la variedad de mecanismos a los que la LO 1/2025 da acomodo). En esto, por mucho que la LO 1/2025 solo haya hecho preceptiva la asistencia de abogado cuando se canalice la negociación a través de oferta vinculante superior a 2.000 € (art. 6 LO 1/2025), será máximamente relevante la asistencia experta a las partes de letrados o asesores, no solo en la apertura y desenvolvimiento del MASC sino por supuesto en su conclusión.[1]

Además, el artículo está redactado de una forma que se ajusta más a la dinámica de los MASC en los que, o no hay tercero propiamente dicho (supuestos de negociación directa entre partes, asistidas o no de sus abogados) o el tercero es un sujeto privado o no sujeto a una reglamentación concreta (experto independiente, conciliador privado). Porque cuando intervenga un tercero neutral para mediar o conciliar, tanto más cuando ese tercero ejercite potestades públicas (conciliación ante Notario, Registrador o LAJ), el documento que refleje los acuerdos adoptados tendrá que ajustarse a la normativa propia de ese MASC según disponga la ley especial que lo regule.

---

[1] Igual que será incluso más relevante el papel del Notario al que se solicite en su caso la elevación a escritura pública de lo acordado. Porque si los acuerdos se elevan a escritura pública será con vistas a que la escritura opere como título ejecutivo de una ulterior demanda de ejecución en caso de incumplimiento por alguna parte de sus obligaciones acordadas en MASC. Y por eso el Notario, en ejercicio de su función no solo de dación de fe sino sobre todo de control de la legalidad de los actos que ante él se otorguen (y que el art. 12.5 LO 1/2025 remacha), deberá velar porque los términos en que esos acuerdos se consignen sean tales y estén expresados de forma que puedan ser objeto de ejecución sin más trámites. En caso contrario (si, por ejemplo, los acuerdos están redactados de modo que no son claros, si no precisan cantidades líquidas u obligaciones definidas, o si requieren la acreditación de que se dan determinadas circunstancias para poder desplegar su eficacia) podrá ocurrir que, interpuesta demanda ejecutiva, se deniegue su despacho por no concurrir en el título los presupuestos y requisitos legalmente exigidos para ello (art. 552.1 LEC)… y la parte se vea obligada a acudir a un proceso declarativo.

2. Elevación a escritura pública y ejecutividad del acuerdo (arts. 12 y 13.2 LO 1/2025)

Redactado y firmado el acuerdo de MASC, cabe la posibilidad de *elevarlo a escritura pública*, no porque la ley obligue a ello como requisito de validez, sino fundamentalmente en la medida en que tal elevación a público es necesaria para que el acuerdo tenga fuerza ejecutiva. Y por eso no será necesaria tal elevación a público cuando se llegue a un acuerdo en el seno de una conciliación ante LAJ (pues el acta extendida por este ya es documento público y ejecutable a estos efectos), ni cuando el acuerdo se alcance como resultado de una conciliación registral (pues en ese caso la certificación expedida por el Registrador conforme al art. 103 bis LHip tendrá fuerza ejecutiva, art. 13.2 último inciso LO 1/2025).[2]

En el resto de MASC, de lo anterior resulta que las partes (o una parte) podrán querer elevar a escritura pública el acuerdo alcanzado, con ocasión y simultáneamente con la conclusión del proceso negociador, o que podrán limitarse a documentar el acuerdo y dejar la elevación a público para un momento posterior, contingente a si se cumple o no lo acordado y a si por tanto es preciso o no solicitar el amparo judicial ejecutivo.

La elevación a escritura pública se hará voluntaria y conjuntamente *por las partes*, en todo caso sin necesidad de que concurra el tercero que haya podido intervenir en la negociación (art. 12.3.III LO 1/2025).

De no existir voluntad concorde de elevar a público, las partes podrán compelerse a ello. Si en ese caso persiste la negativa, la elevación a escritura pública podrá hacerse de forma unilateral (art. 12.3.II LO 1/2025). En este caso, aparte de cualquier intimación privada previa que haya podido intentarse, será necesario *primero* requerir notarialmente de elevación a público, y —en caso de negativa expresa o tácita— solo *segundo* proceder a la elevación unilateral ante el mismo Notario requirente (que hará constar en el instrumento no solo el acuerdo sino también la solicitud desatendida de elevación a público).[3]

Según el art. 12.4 LO 1/2025, los gastos de la elevación a público serán abonados (*rectius*, distribuidos) según acuerden las partes. En defecto de acuerdo,[4] serán abonados por la parte que inste la elevación a público, pero podrán ser incluidos en

---

[2] Ni cuando el acuerdo se adopte *lite pendente* y se solicite su homologación por el Juez que esté conociendo del asunto, pues en este caso el auto de homologación es título ejecutivo sin más requisitos de forma (art. 517.2.3.º LEC).

[3] En la mediación, sin embargo, la elevación a público podrá hacerse a iniciativa de cualquiera de las partes, sin que en caso de negativa por una de ellas la otra tenga que requerirle primero, «ante un notario acompañado de copia de las actas de la sesión constitutiva y final del procedimiento, sin que sea necesaria la presencia del mediador» (art. 25.1.II LMed en relación con los arts. 12 y 13 LO 1/2025).

[4] ¿En defecto de acuerdo sobre la elevación a público o sobre la distribución de los costes? La LO 1/2025 no lo precisa.

la tasación de costas de la ejecución subsiguiente (art. 12.4 LO 1/2025 en relación con los arts. 241.1.II.6.º y 539.2 LEC).[5]

El art. 12.5 LO 1/2025 de nuevo incurre en una llamativa redundancia al exigir que el Notario, al elevar a público el acuerdo de MASC, «verifi[que] el cumplimiento de los requisitos exigidos en esta ley y que su contenido no es contrario a Derecho». Porque los Notarios, en España, no solo tienen atribuida la potestad de dación de fe sino que también, de forma inseparable, están obligados a velar por la legalidad de los actos que ante ellos se operan (art. 24.II LNot).[6]

Pero es cierto que el art. 12.5 LO 1/2025 apunta a una cuestión singularmente importante, si lo ponemos en conexión con los requisitos que deben tener los títulos ejecutivos para que con base en ellos pueda despacharse ejecución (art. 552 y concordantes LEC). La ejecutividad de un título judicial no depende únicamente de la forma externa que adopte el documento al que la ley procesal dé esa virtualidad (en este caso, que adopte la forma de escritura pública), *sino también del modo en que en el título se consignen las prestaciones a que tiene derecho el ejecutante.*

Porque lo que es ejecutivo no es tanto el título (no toda escritura pública es título ejecutivo: no lo es una simple acta de manifestaciones, por ejemplo) como las concretas *obligaciones* en él documentadas (no todo lo que se contiene en una escritura pública ejecutiva tiene esa fuerza, sino solo las obligaciones clara y netamente enunciadas como tales en la misma).

De ahí resulta que, siendo cierto genéricamente que las escrituras que eleven a público acuerdos adoptados en MASC tienen fuerza ejecutiva por prescripción legal (art. 13.2 LO 1/2025 en relación con el art. 517.2.2.º LEC), que esa fuerza sea efectivamente tal dependerá del modo en que el acuerdo haya sido redactado y luego reflejado en la escritura. Si el acuerdo alcanzado en MASC está perfilado de modo que no deja lugar a la interpretación, esto es, si las obligaciones que fija para las partes son claras (A abonará a B la suma de X, en tales y cuales plazos), podrá sin especial dificultad servir de base para la ejecución sin que el ejecutado pueda oponer más que las defensas

---

[5] De la literalidad del art. 12.4 LO 1/2025 resulta que solo podrá conseguirse el reembolso de lo abonado por la elevación a público del acuerdo cuando no habiendo habido acuerdo una parte haya tenido que elevarlo unilateralmente a público. Si hubiese habido acuerdo (de elevación a público y de distribución de costes, incluso aunque se hubiese convenido que todos los costes los abonase la parte que en el pleito posterior luego viese estimadas todas sus pretensiones y obtuviese condena en costas a su favor) no podría incluirse ese gasto en la tasación de costas. Porque el reembolso de esas cantidades es conceptualmente posible (los aranceles notariales están enumerados en el art. 241.1.II.6.º LEC entre los gastos susceptibles de ser incluidos en una tasación de costas) pero no lo es en este caso (porque parece impedirlo el art. 12.4 LO 1/2025). Que esto sea una decisión consciente (penalizar la renuncia a elevar a público) o un nuevo despiste del legislador, solo cabe especularlo.

[6] Art. 24 LNot: «Los notarios en su consideración de funcionarios públicos deberán velar por la regularidad no solo formal sino material de los actos o negocios jurídicos que autorice o intervenga, por lo que están sujetos a un deber especial de colaboración con las autoridades judiciales y administrativas».

ordinariamente previstas para este trámite. Si por el contrario el acuerdo deja espacio para la interpretación o para la duda sobre si una y otra parte realizaron las prestaciones convenidas en el MASC (A entregará a B la mercancía con tales requisitos de calidad y con arreglo a cuales estándares y en tales o cuales plazos dependiendo de estos o aquéllos factores, y B abonará a A como contraprestación un importe calculado en función de determinada cotización, etcétera) se hará inviable o muy difícil que el procedimiento de ejecución, que no está diseñado para la discusión de cuestiones de esa naturaleza, cumpla la función que el legislador le ha asignado en este supuesto (y por tanto podrá dar lugar a la denegación del despacho de ejecución por no concurrir «los presupuestos y requisitos legalmente exigidos», art. 552.1 LEC).

En este punto, por tanto, más allá de lo que dice expresamente el art. 12.5 LO 1/2025, los Notarios tendrán que emplear una particular diligencia —como parte de su función de control de la legalidad de los actos que ante ellos se otorguen y respecto a los cuales ejerciten su función de dación de fe pública— para propiciar que el documento que se pretende adquiera la condición de título ejecutivo, reúna las condiciones no solo formales (escritura pública otorgada conforme a la LNot) sino también materiales (redacción conforme a la LO 1/2025 pero también y muy especialmente concreción de las prestaciones ejecutables) que lo hagan idóneo para servir como tal.

3. Validez y eficacia del acuerdo alcanzado en MASC (art. 13.1 LO 1/2025)

Establece el art. 13.1 LO 1/2025 que

> … [e]l acuerdo puede versar sobre una parte o sobre la totalidad de las materias sometidas a negociación. El acuerdo alcanzado será vinculante para las partes, que no podrán presentar demanda con igual objeto. Contra lo convenido en dicho acuerdo solo podrá ejercitarse la acción de nulidad por las causas que invalidan los contratos, sin perjuicio de la oposición que pueda plantearse, en su caso, en el proceso de ejecución.

La LO 1/2025 no puede escapar del hecho de que un acuerdo de MASC es una transacción, y que una transacción tiene en última instancia naturaleza *contractual*. Porque lo que ha hecho la LO 1/2025 en este punto es, por un lado, estabular los cauces a través de los cuales pueden las partes transar, y por otro dar al acuerdo de MASC fuerza ejecutiva directa. De ahí que el art. 13.1 LO 1/2025 pueda glosarse del siguiente modo:

a) Establecido cuál sea el perímetro u objeto de la negociación, al principio del MASC o en su desarrollo (recordemos que el concepto de «objeto de la negociación» es más flexible que el de «objeto del proceso»), las partes podrán llegar a un acuerdo respecto a todas las cuestiones negociadas, o solo respecto a algunas.

b) Respecto a las cuestiones transadas, el acuerdo será vinculante *inter partes* (por supuesto: es un contrato) y ejecutivo si se documenta con arreglo a las exigencias legales al respecto (eso es lo que añade la LO 1/2025). De haber acuerdo y ser incumplido, la parte agraviada podrá instar la ejecución; es más, le queda vedada la vía declarativa porque «no podrá[] presentar demanda con igual objeto».[7]

c) Pero respecto a las cuestiones sobre las que subsistan las discrepancias, sin perjuicio de qué suceda respecto a las transadas (cumplimiento de lo acordado, o incumplimiento y posterior ejecución) se habrá cumplido el requisito de procedibilidad y por tanto la parte que corresponda podrá ejercitar las acciones judiciales que le asistan (art. 5.1 LO 1/2025).

d) En cuanto acuerdo de naturaleza contractual, el fondo de lo convenido en MASC solo podrá ser impugnado de nulidad en un procedimiento declarativo con tal objeto, si entiende la parte impugnante que concurre alguna de las causas invalidantes de los contratos según la normativa civil (fundamentalmente, vicio en el consentimiento, el objeto o la causa, art. 1261 CC). Esa impugnación será «sin perjuicio de la oposición que pueda plantearse, en su caso, en el proceso de ejecución», como dice el último inciso del art. 13.1 LO 1/2025. Pero esa oposición será por las causas generales de oposición a la ejecución, y no mediante la reapertura en sede de ejecución de las cuestiones transadas, ni mediante la alegación en ejecución de causas de nulidad del título (estos motivos serían objeto de ese paralelo declarativo antes mencionado).

---

[7] Salvo, me parece, cuando se niegue el despacho de ejecución de la escritura en que se contenga el acuerdo por no cumplir el título los requisitos del art. 552 y concordantes LEC. En este caso, el frustrado ejecutante entiendo que tendría que volver a la casilla de salida e instar un proceso declarativo.

Capítulo 8

CONSECUENCIAS EN EL PROCESO JUDICIAL QUE SE APAREJAN A LA CONDUCTA DE LAS PARTES EN EL PREVIO MASC

Frustrado el intento de MASC, si la demanda ulterior cumple con los requisitos temporales, formales y materiales referidos a la previa actividad negociadora (y en el buen entendido de que también reúne los requisitos de admisibilidad generalmente exigibles a la pretensión ejercitada) el LAJ la admitirá a trámite.

Pero independientemente de cuál sea el desarrollo del proceso subsiguiente al previo MASC y la decisión definitiva que finalmente recaiga sobre la pretensión elevada a estado judicial, la LO 1/2025 incentiva la participación de buena fe en el proceso negociador de las partes aparejando una serie de consecuencias económicas al modo en que se hayan conducido las partes en el proceso negociador previo al pleito. Lo hace modificando el régimen de la condena y tasación de costas de la LEC, en el sentido de «sancionar a aquellas partes que hubieran rehusado injustificadamente acudir a un medio adecuado de solución de controversias, cuando este fuera preceptivo» (apartado IV de la EM de la LO 1/2025), y estableciendo la posibilidad de imposición de multas y sanciones en caso de que las partes o sus asesores hayan actuado en «abuso del servicio público de Justicia».

Según el art. 7.4 LO 1/2025,

> Si se iniciara un proceso judicial con el mismo objeto que el de la previa actividad negociadora intentada sin acuerdo, los tribunales deberán tener en consideración la colaboración de las partes respecto a la solución consensuada y el eventual abuso del servicio público de Justicia al pronunciarse sobre las *costas* o en su *tasación*, y asimismo para la imposición de *multas o sanciones* previstas, todo ello en los términos establecidos en la Ley 1/2000, de 7 de enero, de Enjuiciamiento Civil.

Esto es, que la actitud y comportamiento de las partes en el curso del MASC de que se trate, en caso de ser valoradas como obstativas o ajenas a la buena fe negocial, podrán, por tanto,

a) Provocar que el juez, en su sentencia, aplique en contra de la parte que no observó la buena fe negocial alguna de las excepciones a las reglas generales sobre la *condena en costas* que la LO 1/2025 ha incorporado a los arts. 394 y 395 LEC.

b) Provocar que el LAJ, en el trámite de *tasación de costas*, exonere de su pago o modere la cuantía de las que finalmente se impongan a la parte reputada de buena fe (art. 245.5 LEC, añadido por la LO 1/2025).

c) Provocar que el tribunal, si entendiere «que alguna de las partes ha actuado conculcando las reglas de la buena fe procesal o con abuso del servicio público de Justicia», imponga (a ellas o a sus abogados, si a estos fuese imputable la mala fe) «una *multa* que podrá oscilar de ciento ochenta a seis mil euros» (art. 247.3 LEC, también añadido por la LO 1/2025).

Las analizamos en los siguientes apartados.

1. **RÉGIMEN ESPECIAL DE LA CONDENA EN COSTAS (ARTS. 394 Y 395 LEC REFORMADOS POR LA LO 1/2025)**

Como regla general puede decirse que el régimen de la condena en costas previo a la LO 1/2025 se mantiene para el caso de que ambas partes hayan participado de buena fe en el MASC preceptivo; pero que cuando una parte haya rehusado sin justa causa un requerimiento de MASC, dicho régimen se altera en su contra.

Estas alteraciones se contienen en el texto de los arts. 394 y 395 LEC,[1] reformados por la LO 1/2025.

En primer lugar, es sabido que en materia de condena en costas de la primera instancia rige, como regla general, un principio de vencimiento objetivo con arreglo al cual el litigante íntegramente vencido es condenado a abonar al vencedor las costas, salvo serias dudas de hecho o de derecho apreciadas razonadamente por el juez (art. 394.1 LEC).

Sin embargo, según el art. 394.1.III LEC,

... cuando la participación en un medio de solución de conflictos sea legalmente preceptiva, o se hubiere acordado, previa conformidad de las partes ... durante el curso del proceso, no habrá pronunciamiento de costas a favor de aquella parte que hubiere rehusado expresamente o por actos concluyentes, y sin justa causa, participar en un medio adecuado de solución de controversias al que hubiese sido efectivamente convocado.

Esto es, que quien hubiese sido válida y fehacientemente requerido de MASC y «hubiere rehusado expresamente o por actos concluyentes, y sin justa causa» participar en el proceso negociador, nunca podrá verse beneficiado por una condena en costas a su favor (aunque sí podrá ser objeto de una condena en costas en su contra), incluso aunque las pretensiones que contra él se ejerciten sean íntegramente desestimadas (o aunque las pretensiones que él ejercite sean íntegramente estimadas).

---

[1] Más, en sede de reclamación previa en litigios de cláusulas abusivas incorporadas a contratos de préstamo hipotecario (art. 439 bis LEC), la regla según la cual «[l]a posición mantenida por las partes durante esta negociación previa podrá ser valorada en el seno del proceso ulterior, caso de haberlo», a los efectos de la condena y tasación de costas (párrafo VI del citado artículo).

En segundo lugar, la regla anterior a la LO 1/2025 para el caso de estimación parcial de las pretensiones deducidas en juicio era la no imposición de costas a ninguna de las partes (en palabras del art. 394.2 LEC, que «cada parte abonará las costas causadas a su instancia y las comunes por mitad») salvo que el juez apreciase temeridad.

Pero según el art. 394.2.II LEC reformado por la LO 1/2025,

> … si alguna de las partes no hubiere acudido, sin causa que lo justifique, a un medio adecuado de solución de controversias, cuando fuera legalmente preceptivo o así lo hubiera acordado el juez … se le podrá condenar al pago de las costas, en decisión debidamente motivada, aun cuando la estimación de la demanda sea parcial.

Por lo tanto, quien hubiese sido válida y fehacientemente requerido de MASC y hubiese rehusado concurrir a la negociación, podrá ser condenado en costas por el tribunal en el pleito posterior incluso aunque la estimación de las pretensiones propugnadas en su contra fuese solo parcial.

En este caso, y a diferencia del anterior, imponer la condena en costas es potestativo para el juez en la sentencia («se le *podrá* condenar al pago de las costas»), que deberá motivarlo convenientemente.

En tercer lugar, el art. 394.4 LEC reformado por la LO 1/2025 establece que

> … [s]i la parte requerida para intentar una actividad negociadora previa tendente a evitar el proceso judicial hubiese rehusado intervenir en la misma, la parte requirente quedará exenta de la condena en costas, salvo que se aprecie un abuso del servicio público de Justicia.

Aparte de lo que de redundante tiene este artículo respecto de las dos reglas anteriores, aquí se añade un elemento nuevo que es la referencia al «abuso del servicio público de Justicia» de la que nos ocuparemos más adelante en este capítulo.

En cuarto lugar, si antes de la LO 1/2025 el demandado allanado a la demanda antes de contestarla no podía ser condenado en costas salvo mala fe o temeridad (art. 395.1 LEC), ahora se entiende que hay mala fe también, según el art. 395.1.II LEC,

> … cuando hubiese rechazado el acuerdo ofrecido o la participación en un medio adecuado de solución de controversias.

Es extraña la diferenciación que hace este artículo entre «acuerdo ofrecido» y «participación en un medio adecuado de solución de controversias», pues el ofrecimiento de un acuerdo (vía negociación directa, oferta vinculante u otro intento de negociación extrajudicial similar) es precisamente un… medio adecuado de solución de controversias con arreglo a la conceptualización amplia de la LO 1/2025. En cualquier caso, la intención del legislador, aun expresada de forma deficiente, es suficientemente clara en este punto.

En quinto lugar, la LO 1/2025 ha añadido un apartado 3 al art. 395 LEC, que dice así:

> Si la parte demandada no hubiere acudido, sin causa que lo justifique, a un medio adecuado de solución de controversias, cuando fuera legalmente preceptivo o así lo hubiera acordado el [tribunal] y luego se allanare a la demanda, se le condenará en costas, salvo que el tribunal, en decisión debidamente motivada, aprecie circunstancias excepcionales para no imponérselas.

Aunque es necesario un esfuerzo interpretativo no pequeño para desentrañarlo, este precepto se refiere al supuesto de que el demandado se allanare a la demanda *después* de contestarla (solo así entendido no se solapa con el art. 395.1 LEC), y al supuesto de que ese allanamiento se produjese después de haberse intentado un MASC *lite pendente* por acuerdo al efecto de las partes (y no porque «lo hubiera acordado» el tribunal, pues como hemos dicho en otros lugares, la LO 1/2025 no ha llegado a establecer supuestos de derivación intraprocesal a MASC por mandato judicial y por encima de la voluntad de las partes). En este caso, al allanado se le impondrán las costas (lo cual ya estaba implícito en el art. 395.1 y expreso en el art. 395.2 LEC) pero, y esto es lo nuevo, *el tribunal podrá decidir no imponérselas si aprecia «circunstancias excepcionales».*[2]

2. POSIBILIDAD DE EXONERACIÓN DEL PAGO DE LAS COSTAS O MODERACIÓN DE SU IMPORTE EN TRÁMITE DE TASACIÓN (ARTS. 245 Y 245 BIS LEC REFORMADOS POR LA LO 1/2025)

Aun condenada en costas una parte con arreglo a lo anterior, en el trámite de impugnación de la tasación dicha parte, aparte de tener la posibilidad de impugnarlas (art. 245.1 LEC) por las causas generales (por indebidas o por excesivas, art. 245.2 LEC), podrá solicitar la *exoneración* de su pago o la *moderación* de su importe en determinados supuestos referidos a las propuestas realizadas en el previo MASC.

El art. 245.5 LEC, en efecto, en sede de impugnación de la tasación de costas establece que

> … la parte condenada al pago de las costas podrá solicitar la exoneración de su pago o la moderación de su cuantía *cuando hubiera formulado una propuesta* a la parte contraria en cualquiera de los medios adecuados de solución de controversias al que hubieran acudido, *la misma no hubiera sido aceptada* por la parte requerida y la resolución judicial que ponga término al procedimiento sea *sustancialmente coincidente* con el contenido de dicha propuesta.
>
> Las mismas consecuencias tendrá el rechazo injustificado de la propuesta que hubiese formulado el tercero neutral, cuando la sentencia recaída en el proceso sea sustancialmente coincidente con la citada propuesta.

---

[2] Esta norma es extrañamente contraria a los demás supuestos de costas en caso de allanamiento que acabamos de analizar. En los supuestos del art. 395.1 y 395.2 LEC, la LO 1/2025 *penaliza* el rehúse a atender un requerimiento de MASC condenando en costas al allanado que rechazó negociar. En el supuesto del art. 395.3 LEC, que es también un añadido de la LO 1/2025, al allanado después de contestar (que antes de la reforma era condenado en costas ex art. 395.2 LEC) *que hubiere rehusado negociar* se le condena en costas, sí, «salvo que el tribunal, en decisión debidamente motivada, aprecie circunstancias excepcionales para no imponérselas». Esto es, abre la puerta a una exoneración de la condena en costas a pesar de haberse producido el allanamiento en unas circunstancias análogas a las que, en los supuestos anteriores, precisamente llevan al legislador a endurecer el régimen al respecto.

Que la propuesta en MASC sea «sustancialmente coincidente» con el fallo quedará a la apreciación del LAJ, que como es sabido es quien tiene a su cargo la tasación de las costas (arts. 243.1 y concordantes LEC), salvo en el supuesto de que la parte beneficiada por la condena en costas se opusiese a la exoneración, caso en que resolverá el tribunal (art. 245 bis 3 LEC).

La solicitud de exoneración o moderación del importe de las costas se tramitará en el seno del incidente de impugnación de la tasación de costas (arts. 244 y siguientes LEC), esto es,

a) Practicada por el LAJ la tasación de costas y dado traslado de la misma a las partes (art. 244.1 LEC), la parte condenada en costas podrá, en el plazo de diez días (art. 245.1 por remisión al art. 244.1 LEC), aparte de en su caso impugnarlas por excesivas o indebidas en cualquiera de sus conceptos (art. 245 LEC en sus apartados 2, 3 y 4), solicitar la exoneración de su pago o su moderación (art. 245.5 LEC).

Tal y como resulta del modo en que se tramita esta petición, la solicitud, si es de moderación, no será genérica y dirigida al LAJ para que recalcule a su criterio, sino que consistirá en una concreta propuesta de atemperación del importe para que sobre la misma se pronuncie la parte contraria.

Nada impide que el condenado en costas formule una petición de exoneración y subsidiariamente de moderación.

A dicha solicitud «deberá acompañar la documentación íntegra referida a la propuesta formulada, que en este momento procesal y a estos efectos, estará dispensada de confidencialidad» (art. 245.5.III LEC).

b) El LAJ dará traslado de la solicitud a la parte acreedora de las costas para alegaciones por tres días (art. 245 bis 1 LEC).

c) En caso de *aceptar* la parte acreedora la exoneración o reducción, el LAJ dictará decreto acogiendo dicha aceptación en sus propios términos (art. 245 bis 2 LEC). Esto es, si la parte acreedora acepta la exoneración, el LAJ así lo decretará; y si lo que acepta es la reducción propuesta, el LAJ la validará y fijará el importe de las costas en el importe propuesto por el condenado en costas.[3] Se entenderá que la parte acreedora acepta la exoneración o reducción si deja pasar el plazo para alegaciones (art. 245 bis 2 LEC en su último inciso).

d) En caso de *rechazar* la parte acreedora la exoneración o reducción, «se resolverá por el tribunal si son o no procedentes en la cuantía tasada, mediante auto sin

---

[3] No ha previsto la LEC la posibilidad de que la parte acreedora formule una contrapropuesta de reducción que pudiese a su vez aceptar (o rechazar) el condenado en costas, lo cual habría tenido sentido tanto desde el punto de vista del fomento de la composición privada de las controversias (en el concreto punto, no secundario, de la indemnización de gastos procesales) como desde el punto de vista de la eficiencia procesal (pues así se evitaría en muchas ocasiones alargar el tedioso incidente de impugnación).

condena en costas. Si se considerara procedente una reducción, el auto deberá indicar el porcentaje concreto y las partidas objeto de la misma» (art. 245 bis 3 LEC). La decisión del Juez en este punto debe adoptarse única y exclusivamente en función de las alegaciones y documentos que sustenten la petición de exoneración o moderación de costas, no la posible impugnación de costas por indebidas o excesivas, pues a esto se refiere el siguiente apartado del art. 245 bis LEC, como diremos a continuación.

e)   Firme la resolución, «se procederá, en su caso, a tramitar la impugnación de la tasación de costas por excesivas o indebidas de acuerdo con lo previsto en el artículo siguiente» (art. 245 bis 4 LEC).

3.   MODULACIÓN DE LAS NORMAS SOBRE CONDENA O EXONERACIÓN DE COSTAS EN CASO DE «ABUSO DEL SERVICIO PÚBLICO DE JUSTICIA»

Tal y como dijimos en los capítulos iniciales de esta obra, la LO 1/2025 ha introducido en el ordenamiento procesal civil español una nueva categoría o cualificación de la conducta de las partes denominada «abuso del servicio público de Justicia», abuso que de producirse legitima a jueces y LAJ para imponer multas y sanciones a los litigantes (o a sus abogados), y que en determinados supuestos puede acarrear la aplicación de las normas sobre condena y tasación de costas de forma contraria a quien sea hallado culpable de tal comportamiento.

Tal y como está configurada, la figura del «abuso del servicio público de Justicia» no solo se solapa con instituciones más consolidadas como la buena fe procesal (a la que precisamente se refieren los apartados 1 y 2 del mismo art. 247 LEC, y antes de eso el art. 11 LOPJ), sino que, sobre todo y de forma más preocupante, otorga a jueces y LAJ una potestad de perfiles indefinidos y no sujeta a supuestos legalmente determinados, que puede abrir peligrosos campos de discrecionalidad difícilmente controlables.

Recuérdese que tanto el art. 11.1 LOPJ (aplicable a todos los órdenes jurisdiccionales) como el art. 247.1 LEC (en sede de enjuiciamiento civil en general) establecen que las partes en todo tipo de procesos deberán actuar conforme a las reglas de la buena fe; y que tanto el 11.2 LOPJ como el art. 247.2 LEC dan a los tribunales la potestad de rechazar las peticiones que se formulen en abuso de derecho o fraude de ley.

Ahora, además de eso, la LO 1/2025 ha añadido dos apartados más al art. 247 LEC, no en sede de MASC sino con pretensiones de generalidad, del siguiente tenor:

   3. Si los tribunales estimaren que alguna de las partes ha actuado conculcando las reglas de la buena fe procesal o con abuso del servicio público de Justicia, podrán imponerle, en pieza separada, mediante acuerdo motivado y respetando el principio de proporcionalidad, una *multa* que podrá oscilar de ciento ochenta a seis mil euros, sin que en ningún caso pueda superar la tercera parte de la cuantía del litigio.

   Para determinar la cuantía de la multa el tribunal deberá tener en cuenta las circunstancias del hecho de que se trate, los perjuicios que, al procedimiento, a la otra parte o a la Administración de Justicia se hubieren podido causar, la capacidad económica del infractor, así como la reiteración en la conducta.

En todo caso, por el letrado o letrada de la Administración de Justicia se hará constar el hecho que motive la actuación correctora, las alegaciones del implicado y el acuerdo que se adopte por el tribunal.

4. Si los tribunales entendieren que la actuación contraria a las reglas de la buena fe o con abuso del servicio público de Justicia podría ser imputable a alguno de los profesionales intervinientes en el proceso, sin perjuicio de lo dispuesto en el apartado anterior, darán traslado de tal circunstancia a los colegios profesionales respectivos por si pudiera proceder la imposición de algún tipo de sanción disciplinaria. En los casos en los que tal actuación se produzca en el ámbito de un proceso en el que la parte litigase con el beneficio de justicia gratuita, tal comunicación se remitirá también a la Comisión de Asistencia Jurídica Gratuita correspondiente.

Específicamente en sede de MASC (o de consecuencias de la actuación de las partes en el MASC previo al proceso en el que se decrete una condena en costas y se proceda a su tasación), el art. 7.4 LO 1/2025 antes citado establece que

> Si se iniciara un proceso judicial con el mismo objeto que el de la previa actividad negociadora intentada sin acuerdo, los tribunales deberán tener en consideración la colaboración de las partes respecto a la solución consensuada y *el eventual abuso del servicio público de Justicia* al pronunciarse sobre las *costas* o en su *tasación*, y asimismo para la imposición de multas o sanciones previstas, todo ello en los términos establecidos en la Ley 1/2000, de 7 de enero, de Enjuiciamiento Civil.

El art. 7.4 LO 1/2025 (y antes los apartados 3 y 4 del art. 247 LEC), por lo tanto, configuran esta nueva potestad sancionadora con unos perfiles indefinidos y sin sujeción a supuestos concretos.

Si bien los artículos recién citados tienen un alcance teóricamente general, tanto la Exposición de Motivos de la LO 1/2025 como los dos supuestos más concretos añadidos por la ley en los arts. 394.4 y 395.1 LEC sitúan el concepto de «abuso del servicio público de Justicia» específicamente en el ámbito de la promoción de la actividad negociadora previa al ejercicio de acciones judiciales.

En efecto, los arts. 394.4 y 395.1 LEC introducen modulaciones del régimen de costas de la primera instancia, excepcionando su imposición (o exoneración) en función de que el tribunal aprecie la existencia de un tal abuso. Así,

a) El art. 394.4 LEC incentiva la participación en MASC eximiendo de costas a la parte requirente de negociación cuando la parte requerida hubiese rehusado la invitación, incluso aunque las pretensiones del requirente fuesen íntegramente desestimadas, «salvo que se aprecie un abuso del servicio público de Justicia».

b) El art. 395.1 LEC, que con carácter general establece que el demandado allanado antes de contestar la demanda no será condenado en costas, excepciona esa regla y establece la imposición de costas al demandado allanado cuando el tribunal «aprecie mala fe en su conducta o abuso del servicio público de Justicia».

Del apartado IV de la Exposición de Motivos de la LO 1/2025 resulta que también sería un supuesto de utilización «injustificada» del proceso y de «abuso del Servicio Público de Justicia» el caso de que una entidad financiera se negase a atender la reclamación extrajudicial a ella dirigida por un consumidor reclamándole cantidades indebidamente abonadas en aplicación de condiciones generales de la contratación abusivas incorporadas a préstamos con garantía hipotecaria (el MASC especial de los arts. 439.5 y 439 bis LEC que hemos analizado en el lugar correspondiente en esta obra) en supuestos sustancialmente iguales resueltos en favor de los consumidores. Evidentemente, la utilización injustificada del «Servicio Público de Justicia» no sería la del consumidor forzado a demandar tras la desatención por la entidad financiera de su reclamación extrajudicial previa, sino la de la entidad financiera por defenderse numantinamente en un pleito sobre cláusulas abusivas que verse sobre cuestiones «ya resueltas en vía judicial con carácter firme y con idéntico supuesto de hecho».

El «abuso del servicio público de Justicia» es una categoría que, en primer lugar, ha de calificarse de concepto jurídico indeterminado. Pues salvo el supuesto recién indicado, que además no resulta del articulado de la LO 1/2025 sino de su Exposición de Motivos, en ningún sitio se contiene una definición de qué consista ese abuso, sino que el legislador deja a la jurisprudencia la delimitación de sus perfiles. Pero además, en segundo lugar y como antes dijimos, se solapa y parece difícilmente distinguible del concepto más consolidado de buena fe procesal.

La Exposición de Motivos de la LO 1/2025 expresamente liga este concepto a la imposición de la obligación de intentar un proceso negociador o MASC como requisito de procedibilidad para poder ejercitar acciones judiciales (en esa línea se sitúa la modificación de los arts. 394 y 395 LEC). Pero la modificación del art. 247.3 LEC va potencialmente mucho más allá, pues deja a la discrecionalidad judicial la imposición de multas a quien se entienda (motivadamente, aunque no es fácil aventurar qué motivos podrán aducirse) que ha incurrido en un tal abuso, sin limitación de ámbitos ni circunstancias.[4]

No es fácil entender qué sentido tiene la acuñación de este nuevo concepto. El legislador, además, lo ha lanzado al ruedo procesal sin concretar sus perfiles, dejando su desarrollo a la jurisprudencia que pueda generarse en el futuro. Así lo dice la misma Exposición de Motivos de la LO 1/2025 en su apartado IV: «será indudablemente la jurisprudencia la que irá delimitando los contornos de este nuevo concepto, y sus aspectos diferenciales con respecto a los ya indicados, como ya lo ha hecho a lo largo de muchos años en el análisis de la temeridad o la mala fe procesal». La misma Exposición de Motivos de la LO 1/2025 ya asume que «puede presentar elementos concomitantes con otros existentes como temeridad, el abuso del derecho o la mala fe procesal», pero

---

[4]   Salvo, insisto, el concreto supuesto de la reclamación extrajudicial del art. 439.5 LEC.

aun así lo justifica en cuanto complemento a la erección de los MASC en requisito de procedibilidad, pues supuestamente ofrece «una dimensión de la Justicia como servicio público al exigir una valoración, por parte de los Tribunales, de la conducta de las partes previa al procedimiento, en la consecución de una solución negociada».

Esto es, no puede saberse qué recorrido tendrá el injerto del art. 247 LEC. Lo único que puede decirse con cierta seguridad es que la intención del legislador (no solo en los supuestos concretos en sede de condena en costas) es que sirva como herramienta incentivadora de la participación de las partes en los MASC previos al ejercicio de acciones judiciales, a modo de aviso para navegantes, porque los únicos supuestos concretos que ha incorporado a la normativa procesal se mueven en ese ámbito.

Porque, una vez más, la LO 1/2025 proclama en su art. 4 la vigencia de la autonomía privada para la gestión de los conflictos jurídicos, pero del conjunto de la reforma resulta que se trata de una autonomía estabulada. Por un lado, porque la regulación de los MASC la somete a un marasmo pseudoprocedimental que busca conseguir la eficiencia procesal a fuerza de dificultar el acceso a los Tribunales de Justicia. Por otro, porque incluso ya en sede judicial, esa autonomía queda potencialmente sometida a un ominoso e indefinido régimen de potenciales multas, sanciones y alteraciones del régimen de la condena y tasación de costas, que abren indeseables ventanas de arbitrariedad a la actuación de jueces y LAJ.

BIBLIOGRAFÍA

Banacloche Palao, Julio: «La incidencia de los medios adecuados de solución de controversias (MASC) en el proceso civil», en Banacloche Palao, Julio, y Gascón Inchausti, Fernando: *La Justicia en España tras la Ley Orgánica de eficiencia*, Aranzadi, Pamplona 2025.

— «Los procesos de familia tras la LO 1/2025: ¿Qué sucede con el juez competente, el 'MASC' previo y la vista en el juicio verbal?», en *Diario La Ley*, n. 10.696 (2.4.2025).

— *Eficacia procesal y recursos extraordinarios en el proceso civil,* Madrid, La Ley 2025

Banacloche Palao, Julio, y Gascón Inchausti, Fernando: *La Justicia en España tras la Ley Orgánica de eficiencia*, Aranzadi, Pamplona 2025.

Barona Vilar, Silvia: «¡Los MASC existen! Son medios de acceso a la justicia», en Barona Vilar, Silvia (ed.): *MASC. To be or not to be?*, Tirant lo Blanch, Valencia 2023.

— *Solución extrajurisdiccional de conflictos. MASC y Arbitraje*, Tirant lo Blanch, Valencia 2025.

— «MASC, tutela efectiva y vulnerabilidad, tres conceptos en busca de Justicia integral. ¡Por fin! (reflexiones con Michael Ende y su 'Historia Interminable')», en Sonia Calaza López, y Ixusko Ordeñana Ge-zuraga (coords.), *Guía práctica de los MASC*, Aranzadi 2025.

— *Mediación en asuntos civiles y mercantiles en España. Tras la aprobación de la Ley 5/2012 de 6 de julio*, Tirant lo Blanch, Valencia 2013.

Barona Vilar, Silvia (ed.): *MASC. To be or not to be?*, Tirant lo Blanch, Valencia 2023.

Belando Garín, Beatriz: «MASC en el ámbito administrativo», en Sonia Calaza López, e Ixusko Ordeñana Gezuraga (coords.), *Guía práctica de los MASC*, Aranzadi 2025, págs. 759 a 783

Bernardo San José, Alicia: «Otras reformas del proceso civil», en Julio Banacloche Palao, y Fernando Gascón Inchausti, *La Justicia en España tras la Ley Orgánica de eficiencia*, Aranzadi, Pamplona 2025.

Calaza López, Sonia, y Ordeñana Gezu-raga, Ixusko (coords.): *Guía práctica de los MASC*, Aranzadi 2025.

Calaza López, Sonia: «La sombra de la Justicia es alargada: la mística de los MASC», en *La Ley Mediación y Arbitraje*, n.º 22 (enero 2025).

Carretero Morales, Emiliano: «El estatuto de la tercera persona neutral», en Soleto Muñoz, Helena (dir.): *Mediación y resolución de conflictos: MASC técnicas y ámbitos,* Tecnos, Madrid 2025, págs. 70-94.

CASTILLEJO MANZANARES, Raquel: *Del poder de disposición de las partes sobre el proceso civil y sobre sus pretensiones*, La Ley, Madrid 2014, pág. 68.

FIDALGO GALLARDO, Carlos: «El principio de autonomía de la voluntad en su desarrollo (art. 4 LO 1/2025)», en Sonia CALAZA LÓPEZ, e Ixusko ORDEÑANA GEZURAGA (coords.), *Guía práctica de los MASC*, Aranzadi 2025, págs. 117 a 139.

GÓMEZ LINACERO, Adrián: «La reclamación extrajudicial en los procedimientos promovidos por consumidores tras la LO 1/2025, de 2 de enero: guía práctica», en *Diario La Ley*, n.º 10.803, 9.10.2025.

GONZÁLEZ DÍAZ, Juan, y GÓMEZ LINACERO, Adrián: «A propósito de la cuestión de inconstitucionalidad elevada por el Tribunal de Instancia de Valencia de Alcántara sobre los MASC en asuntos de familia con menores», en *Diario La Ley*, n.º 10847, 15.12.2025.

GONZÁLEZ GARCÍA, Jesús María: «A propósito de la nueva regulación de los 'medios adecuados para la solución de conflictos' (MASC) en la Ley Orgánica 1/2025», en *Diario La Ley*, n.º 10.701 (9.4.2025).

GUERRERO, Marta: «Los mecanismos alternativos de resolución de controversias (MASC) y la compensación de los pasajeros aéreos», en *Diario La Ley*, n.º 10.755 de 2.7.2025.

LASCURÁIN SÁNCHEZ, Juan Antonio, y GASCÓN INCHAUSTI, Fernando: «¿Por qué se conforman los inocentes?», en *InDret*, 3/2018.

LÓPEZ CHOCARRO, Ignacio: «La aplicación de los MASC y el principio *pro actione* o la urgente necesidad de revisar algunos criterios orientadores fijados por las juntas de jueces sobre el requisito de procedibilidad impuesto por la LO 1/2025», en *Diario La Ley*, n.º 10.784, 11.9.2025.

— «De la inadmisión *ad limine* de determinadas demandas o el peligroso camino hacia la talibanización del derecho procesal», en *Diario La Ley*, n.º 10576, 26.9.2024.

LÓPEZ YAGÜES, Verónica: «La mediación», en Sonia CALAZA LÓPEZ, e Ixusko ORDEÑANA GEZURAGA (coords.), *Guía práctica de los MASC*, Aranzadi 2025, págs. 419 a 494.

LUNA ÁLVAREZ, Eduardo: «Eficiencia con garantías: MASC, tutela judicial y seguridad jurídica tras la LO 1/2025», en *Revista General de Derecho Procesal*, n.º 67 (2025).

MARCOS FRANCISCO, Diana: «La incidencia de los MASC en las costas procesales en la proyectada Ley de medidas de eficiencia procesal», en *Revista General de Derecho Procesal*, n.º 57 (2022).

MARCOS GONZÁLEZ, María: «Los MASC mediante medios telemáticos», en Sonia CALAZA LÓPEZ, e Ixusko ORDEÑANA GEZURAGA (coords.), *Guía práctica de los MASC*, Aranzadi 2025, págs. 199 a 230.

MARTÍNEZ DE SANTOS, Alberto: «La conciliación ante el LAJ como requisito de procedibilidad en la LO 1/2025», en Diario La Ley, n.º 10677 (5.3.2025).

ORDEÑANA GEZURAGA, Ixusko: «Concepto y caracterización de los medios adecuados de solución de conflictos», en CALAZA LÓPEZ, Sonia, y ORDEÑANA GEZURAGA, Ixusko (coords.): *Guía práctica de los MASC*, Aranzadi 2025.

PÉREZ DAUDÍ, Vicente: «Los MASC como requisito de procedibilidad: naturaleza jurídica y su posible subsanación», en *Justicia*, 2025-1.

— «Los MASC como requisito de procedibilidad», en Sonia CALAZA LÓPEZ, e Ixusko ORDEÑANA GEZURAGA (coords.), *Guía práctica de los MASC*, Aranzadi 2025.

— «Los MASC y las medidas cautelares», en SOLETO MUÑOZ, Helena (dir.): *Mediación y resolución de conflictos: MASC técnicas y ámbitos,* Tecnos, Madrid 2025.

PÉREZ DAUDÍ, Vicente, y SÁNCHEZ GARCÍA, Jesús: «La reclamación de un crédito dinerario: la oferta vinculante confidencial y la actividad negociadora», en *Diario La Ley*, n. 10764

POPIUC, María Petronela: *Los medios adecuados de solución de controversias en el ámbito civil y mercantil. Especial referencia a la nueva regulación española de los MASC*, Aranzadi, Las Rozas 2025.

RIVAS VELASCO, María José: «¿Son los MASC simplemente otro escalón para entrar en el templo del art. 24 CE?», en *Diario La Ley*, n.º 10827 de 13.11.2025.

SAAVEDRA GUTIÉRREZ, María: «La mediación como medio adecuado de solución de controversias (MASC) en la Ley 1/2025: Cambios clave y su impacto en la resolución de conflictos», en *Revista General de Derecho Procesal*, n.º 67 (2025).

SANJURJO RÍOS, Eva: «Nuevos tiempos para la justicia civil: de la imposición de los MASC a la marginalidad de la jurisdicción», en *Justicia*, 2025-1, pág. 289 - 370.

SIGÜENZA LÓPEZ, Julio: «El ámbito de aplicación de los Medios Adecuados de Solución de Controversias en vía no jurisdiccional», en CALAZA LÓPEZ, Sonia, y ORDEÑANA GEZURAGA, Ixusko (coords.): *Guía práctica de los MASC*, Aranzadi 2025.

SIMARRO PEDREIRA, Margarita: «Del ring al diálogo: Cómo los MASC y el proceso colaborativo están cambiando el juego jurídico», en *Revista General de Derecho Procesal*, n.º 67 (2025).

SOLETO MUÑOZ, Helena: «La mediación: método de solución alternativa de conflictos en el proceso civil español», en *Revista Eletrônica de Direito Processual*, n.º 3 (2009).

— «El nuevo paradigma de justicia: la resolución adecuada de conflictos», en SOLETO MUÑOZ, Helena (dir.): *Mediación y resolución de conflictos: MASC técnicas y ámbitos,* Tecnos, Madrid 2025.

— «El procedimiento de mediación”, en SOLETO MUÑOZ, Helena (dir.): *Mediación y resolución de conflictos: MASC técnicas y ámbitos,* Tecnos, Madrid 2025, págs. 234-253.

SOLETO MUÑOZ, Helena (dir.): *Mediación y resolución de conflictos: MASC técnicas y ámbitos,* Tecnos, Madrid 2025.

TUCHO MORILLO, Miquel: «Confidencialidad de los MASC, derecho a la prueba y proceso civil: apuntes para una pacífica coexistencia», en *Justicia*, 2024-1, págs. 389-438.

URY, William y FISHER, Robert: *Getting to Yes. Negotiating an agreement without giving in* (1981).

VILLAMARÍN LÓPEZ, María Luisa: *El juicio verbal en el proceso civil*, La Ley, Madrid 2025.

ZAFRA ESPINOSA DE LOS MONTEROS, Rocío: «Ejecución del acuerdo de MASC», en SOLETO MUÑOZ, Helena (dir.): *Mediación y resolución de conflictos: MASC técnicas y ámbitos,* Tecnos, Madrid 2025, págs. 437-465.